KB071218

상식 밖의 고사성어

한 그루의 나무가 모여 푸른 숲을 이루듯이
청림의 책들은 삶을 풍요롭게 합니다.

일상이 새롭게 보이는

뜻밖의 네 글자

25

상식 밖의 고사성어

채미현 지음

추수밭

일러두기

1 이 책에 수록된 글은 연세대학교 중국연구원 웹진에 연재했던 내용을 수정
    및 보충하여 완성한 것이다.
2 꼭지별 첫머리에 들어가는 고사성어의 뜻풀이 중 현재 통용되는 뜻은 먹색,
    본래 유래된 뜻은 별색으로 표시했다.
3 이 책에서 소개하는 고사성어의 현재 뜻은 국립국어원 표준국어대사전의
    설명을 기준으로 삼았다.

익숙한 고사성어에 숨겨진
반전의 지혜

고사성어는 옛날의 어떤 이야기(고사故事)를 한마디 말로 집약한 (성어成語) 표현이다. 오늘날에도 누군가가 겪은 이야기를 그에 맞는 적합한 말로 요약해서 만들어내고, 그것이 사람들 사이에서 통용되는 경우가 종종 있다. 시대와 상황만 다를 뿐 고사성어에는 사람 사는 이야기가 담겨 있다. 네 글자로 이루어진 표현에는 반드시 전하는 내용이 담겨 있다. 글자의 표현을 그릇이라고 한다면, 담고 있는 일화는 내용물이다.

아름다운 그릇에 볼 만한 내용물이 잘 담겨 있어도 들여다보지 않고 방치한다면 한낱 쓸모없는 물건이 되기 십상이다. 꽤 쓸 만한 실용적인 것으로 거듭나려면 여기에 어울리는 빛깔과 향기를 더해야 하는데, 이것은 온전히 사용하는 사람의 몫이다. 고사성어도 마찬가지다. 내용과 형식이 조화롭게 어우러진 말임에도 불구하고, 고사성어는 한자로 되어 있어서인지 특히 젊은 세대가 쉽게 접근하지 못한다. 그래서 그 안의 내용물도 꺼내 보지 못하는 것 같다. '오래전의 고리타분한 이야기'인 데다 '한자로 된 어려운 것'이라고 생각하면 선반에서 먼지만 뒤집어쓴 그릇이 될 것이고, 그것을 꺼내어 사용하고 감상하고 광을 낸다면 마음에 쏙 드는 가치 있는 무언가가 될 것이다.

고사성어의 특징 중 하나는 짧은 말로 긴 내용을 담아낸다는 것이다. 예를 들어 '좋은 일이 생겨서 앞으로도 좋을 줄로만 알았는데 시간이 지나고 보니 그것이 안 좋은 일이 되기도 하고, 반대로 나쁜 일인 줄로만 알았던 것이 나중에 좋은 일로 바뀌기도 한다'고 길게 설명해야 할 때, 우리는 '새옹지마塞翁之馬'라는 네 글자로 간단하게 표현할 수 있다. 이처럼 고사성어는 보편적인 교훈이나 내용을 압축하여 전달한다는 말의 '경제성'과 '간결성'을 갖추고 있다. 그래서 우리는 고사성어를 쉽게 기억할 수 있다.

그러나 어떤 사람에게는 고사성어가 어려울 수 있다. 중고등학교 시절에 한자를 필수로 배워야 했던 세대에게는 특별할 것 없는 말들이, 한글을 주로 쓰는 세대에게는 완전히 낯선 것으로 다가온다. 즉 고사성어가 어렵게 느껴지는 것은 한자가 외국어처럼 낯선 장벽으로 다가오기 때문이다. 하지만 알고 보면 고사성어는 그리 어려울 것이 없고, 그저 사람 사는 이야기가 담겨 있을 뿐이다. 어떤 사람이 남들에게 반면교사나 교훈이 될 만한 이런저런 일을 겪었는데, 그것을 기억하기 쉽게 핵심적인 네 글자로 표현한 것일 뿐이다. 사람 사는 것은 예나 지금이나 크게 다르지 않고, 살면서 배우고 느끼는 것도 비슷하다 보니 옛날 중국 땅에서 일어났던 일들이 오늘날에도 시의적절하게 다가오는 것이다.

이 책에서는 처음 생겨날 때의 뜻과 정반대 또는 전혀 다른 뜻으로 쓰이는 고사성어에 대해 풀이했다. 예를 들어 '천고마비天高馬肥'가 쓰인 기록을 보면, 원래 표현하려던 뜻이 있는데 지금은 원뜻이 사라지고 '가을의 아름다움'이라는 이미지만 남아 있다. 어떤 표현이 나오게 된 데에는 앞뒤의 맥락이 있는데, 그것을 생략한 채 사용하다 보니 세월이 지나면서 원뜻과는 전혀 다른 뜻이 된 것이다. 전체 문맥에서 파악하지 않고 일부 글자만 선택적으로 고르는 단장취의斷章取義로 인해, 원래의 뜻과 정반대의 의미로 쓰이기도 하고 전혀 다른 뜻이 새롭게 덧붙여지기도 한다. 그리고 시간이 지나면서 뜻이 달라지기도 한다.

언어는 시대를 반영한다. 불과 10~20년 전까지만 해도 누구나 사용하던 말이나 표현을 지금은 아무도 쓰지 않기도 하고, 어제까지는 없던 신조어가 새롭게 생겨나기도 한다. 사회 변화가 빠를수록 언어도 그에 맞추어 신속하게 변화한다. 이러한 말의 속성에도 불구하고 고사성어는 수백 년에서 수천 년을 굳건하게 견디면서 살아남았다. 고사성어가 전하고자 하는 메시지(내용) 없이 그저 말(형식)뿐이었다면 불가능한 일이었을 것이다. 네 글자의 표현에는 시대를 관통하는 인간의 보편적인 삶이 녹아 있기 때문이다. 이것이 고사성어의 진짜 힘이다. 그러니 어렵다거나 낡은 것이라는 생각을 잠시 접어두고, 한번 제대로 들여다보자. 고사성어에는 그럴 만한 가치가 있다.

이 책은 우리가 자주 쓰는 고사성어 중에서 원래의 뜻과 현재의 뜻 사이에 차이가 많이 나는 것들을 골라 풀이한다. 성어가 낯선 독자에게는 새로운 학습이 될 것이고, 성어를 알고 있는 독자에게는 비교하는 재미를 줄 수 있을 것이다. 그리고 원래의 뜻과 현재의 뜻을 비교하는 데서 그치지 않고 의미의 차이를 통해 우리가 얻을 수 있는 통찰이나 시사점을 전하고자 했다.

고사성어에 숨겨진 '상식 밖의 의미'를 알게 되면, 시간이 흐름에 따라 퇴색되고 잊혀온 일상의 지혜를 복원하고, 현재의 뜻과 원래의 뜻을 비교하면서 삶의 풍경을 다르게 보는 힘을 얻을 수 있을 것이다. 우리가 관습적으로만 사용하던 고사성어 안에 담겨 있는 핵심적인 맥락과 깊은 뜻을 통해 막연하기만 했던 세상의 이치나 인생의 교훈에 대해 한층 더 명확한 그림을 그려볼 수 있을 것이다. 고사성어를 새롭게 들여다보면서 삶의 지향과 태도 그리고 타인과의 관계를 돌아보고, 옛 사람들의 경험을 현재의 자신에게 적용할 수 있다면 곧 아는 것을 실천하는 지행합일知行合一의 시작점이 될 것이다.

한자나 성어에 익숙하지 않은 독자들도 쉽고 재미있게 읽을 수 있는 책으로 쓰고자 많은 노력을 기울였다. 이 책이 '한자 교과서'를 넘어 여러분의 인생에 도움이 되는 지혜를 담아낸 책으로 활용될 수 있다면 더없이 좋겠다.

2023년 여름

채미현

2장

함께 걸어가는 인생

4장

어지러운 세상에서 중심 잡기

・鵬程萬里

・九死一生

・九牛一毛

・暗中摸索

1장

삶을 꿰뚫는 지혜

- 天高馬肥

- 天下無敵

구사일생

九死一生

죽을 고비를 여러 번 넘기고 겨우 살아남다

아홉 번 죽고 한 번을 못 산다 해도 후회는 없다

구사일생은 말 그대로 '아홉 번 죽다가 한 번 살아나다', '죽을 고비를 여러 번 넘기고 결국은 살아남았다'는 뜻이다. 한자에서 숫자 구九는 가장 큰 수인 최대치를 의미한다. 따라서 구사九死는 꼭 아홉 번이라기보다 죽음이 수없이 많다는 것을 뜻한다. 원래 모든 생명체는 한 번 태어나고 한 번 죽으므로 일생일사一生一死한다. 이와 대조되게 '구사일생'이라는 표현을 쓰는 것은, 셀 수 없이 많은 죽음의 위기나 어려움에서 살아남았음을 강조하기 위해서다. 흔히 하는 말 중에 '죽다 살아났다'거나 '가까스로 살아났다'가 여기에 해당한다. 죽음에 버금가는 극한의 위기로부터 벗어났기 때문에 다행스럽고 안도할 만한 상황에서 구사일생이라는 표현이 나온다. 그러나 사실 구사일생은 행운이나 안도감과는 전혀 상관없는, 가슴 가득 차오른 억울함에서 비롯된 말이다.

중국 단오절의 유래가 된 사람이 있다. 그는 굴원 屈原(기원전약 339~278)이라는 인물로, 전국戰國시대 초楚나라 사람이었다. 초나라의 유서 깊은 귀족 집안 출신인 데다 뛰어난 재능과 수려한 외모까지 모든 것을 갖춘 인물이었다. 이렇게 잘난 사람이 무슨 억울함이 있을까 싶을 정도였다. 아니나 다를까 굴원은 당시 왕이었던 회왕懷王의 신임을 얻어 '삼려대부三閭大夫'라는 직책까지 오르며 승승장구했다. 삼려대부는 당시 초나라의 삼대 왕족을 관장하는 높은 관직이었다. 굴원의 앞날은 그야말로 탄탄대로처럼 보였다.

그러나 위대한 인물들이 대체로 그렇듯이 굴원의 순탄함도 딱 여기까지였다. 남의 능력을 질투하는 이들은 시대를 불문하고 어디에나 있기 마련인데, 당시 궁정의 일부 대신들이 굴원의 능력과 왕의 총애를 시기해서 왕에게 굴원을 헐뜯는 말들을 꾸며내서 거짓 비방을 쏟아냈다. 이런 상황에서 왕은 비방의 사실 여부를 정확하게 파악하고 사건을 공정하게 처리해야 마땅했다. 하지만 판단력이 흐려진 왕은 결국 소인배들의 말만 믿고 굴원을 아예 나라 밖으로 추방시켜버렸다. 굴원 앞에 길고도 험난한 길이 펼쳐지는 순간이었다. 인생의 찬란함은 짧았고 긴 시련이 시작되었다.

：거짓 비방을 믿은 왕과 버림받은 신하 ：

굴원은 회왕의 재위기간 동안 나라 밖에서 떠돌 수밖에 없었다. 굴원이 국외로 추방당해서 유랑의 세월을 보내는 중, 회왕은 주변국들과의 첨예한 외교전쟁 가운데 잘못된 결정을 내렸고 이로 인해서 결국 타국에서 객사하는 참변을 당하고 말았다. 왕의 주변에 아첨꾼들만 들끓었으니 어찌 보면 당연한 결과였다. 그리고 회왕의 아들인 경양왕頃襄王이 즉위했다. 경양왕은 외국을 떠돌던 굴원을 불러들여서 중책을 맡겼다. 아버지는 내쳤지만 아들이 복귀시켰으니, 새 왕의 등장으로 굴원의 재기는 물론 새로운 시대를 기대해볼 수 있었다.

그러나 굴원을 신임하는 듯했던 경양왕 역시 얼마 지나지 않아 굴원을 헐뜯는 자들의 말을 듣고 그를 국외로 추방했다. 두 번째 축출이었다. 굴원은 왕과 조국에게 두 번이나 버림받았다. 게

다가 버림받은 이유도 객관적인 근거나 정당한 사유에 의한 것이 아니라, 조정에 가득했던 소인배들의 농간과 그들을 믿은 왕의 결정에 의한 것이었다. 나라가 이런 지경이 되면 제대로 운영될 리 없다는 것쯤은 불 보듯 뻔하다. 남방의 대국이었던 초나라는 회왕에서 경양왕을 거치는 동안 국세가 급격하게 기울었고, 오래지 않아 결국 진秦나라에 의해 멸망했다.

중국 역사를 보면 왕조 말기에는 어리석은 지도자인 혼군昏君이 어김없이 등장했다. 사회적인 혼란이 왕을 어리석게 만든 것인지, 아니면 왕이 무능해서 나라가 멸망한 것인지 그 인과관계를 따져보기가 무색할 만큼 정형화된 양상이 반복되었다. 설령 왕이 무능하고 어리석다 해도 현신賢臣과 충신忠臣이 있어서 보좌를 하면 그런대로 위기에 대처할 수가 있는데, 문제는 조정에 현신과 충신만 있는 게 아니었다는 사실이다. 혼군 곁에는 항상 소인배와 간신奸臣이 진을 치며 왕의 눈과 귀를 가려서 판단력을 흐렸다. 이런 이유로 예로부터 왕이 갖추어야 할 자질 중에 본인의 정치적 능력보다 중요하게 꼽는 것이 충간忠奸을 구별하고 인재를 적절하게 쓰는 용인用人의 능력이었다.

두 번이나 내쳐진 굴원의 처지는 참담했다. 더 이상 돌아갈 나라도 없고, 돌아간들 반겨줄 이도 없었다. 떠도는 신세에 고립무원의 고독감이 몰려왔다. 출구가 보이지 않는 상황에서 굴원의 마음에 피어난 것은 억울함과 염려였다. 억울함은 충정을 바쳤지만 쫓겨난 것에 대한 분노였고, 염려는 위태로워진 조국에 대한 애정이었다. 이제 굴원이 할 수 있는 것은 없었다. 그저 가슴속의 억울함과 염려를 글로 풀어내는 것뿐이었다. 원래 문장력이 뛰어났던 굴원은 축출당하기 이전에도 다른 나라에 보내는 외교문서 작성에서 발군의 실력을 발휘했었다. 막다른 길에 봉착한 굴원은 자신이 제일 잘하는 것으로 울분을 쏟아냈다. 당연하게도 그는 추방당한 후에 많은 작품을 남겼고 그 작품들은 그의 대표작이자 중국문학의 대표작이 되었다. 굴원은 답답하고 처절한 심정을 표현했다.

길게 탄식하고 눈물을 닦아보지만
고난 많은 인생은 슬프기 그지없다. …
내 마음은 선하기 때문에
비록 아홉 번 죽을지라도 후회하지 않으리라.[1]

굴원은 왕과 나라를 위해 평생을 바쳤지만 이를 몰라주니 죽고 싶을 만큼 억울했다. 그렇지만 후회는 없었다. 그깟 어리석은 소인배들로 인해 고결한 뜻이 꺾일 수는 없었기 때문이다.

: 나는 선하고 고결하다 :

굴원이 '비록 아홉 번 죽을지라도 후회하지 않으리라'고 한 말에
대해서 후대의 많은 연구자들이 각자의 해석을 내놓았는데 그중
유량劉良은 이 구절을 다음과 같이 해석했다.

> 비록 아홉 번을 죽고 한 번도 살아나지 못한다 해도 후회하
> 지 않는다.[2]

〈이소離騷〉의 원문에는 '구사'만 있고 '일생'은 없지만, 유량
의 풀이에서 일생이라는 표현이 더해져서 구사일생이라는 말이
나왔다. 구사일생은 '살아서 다행이다'가 아니라 '죽어도 후회
없다'는 뜻이다. 그는 진심과 충절이 받아들여지지 않은 억울함
과 그럼에도 마음 바꿀 뜻이 없다는 굳건하고 고결한 의지를 글
로 남겼다. 구사일생이라는 표현이 나온 〈이소〉의 구절은 굴원의
성격과 생애를 완벽하게 대변하는 문장이다.

굴원은 결국 스스로 강에 빠져 생을 마감했다. 당시 이를 발
견한 마을 사람들이 굴원을 물에서 건져내려 애썼지만 소용이 없
었고 이후에 그의 죽음을 기리기 위해서 여러 가지 추모 행사를

하게 되었다. 이것이 바로 단오의 유래이다. 그리고 중국에서는 비록 쫓겨났을지언정 조국에 대한 불변의 애정을 품었던 굴원을 지금도 애국시인으로 칭송한다.

구사일생이 현재는 죽음의 문턱까지 갔다가 무사히 빠져나온 행운을 뜻하는 말로 쓰이지만, 살아생전 굴원은 행운의 정반대편에 있던 인물이었다. 그는 죽음이 아닌 그 어떤 것으로도 소신과 신념을 양보할 생각이 전혀 없었고, 선한 마음과 고결함이 있었기에 당당했다.

: 화가 치밀어 글을 쓴다 :

굴원 사후에 그의 행적을 평가하는 후대의 의견은 크게 양분되었다. 더러운 세상과 타협하지 않고 죽음을 택한 것은 어쩔 수 없는 선택이었다고 옹호하는 쪽과, 죽음으로 해결된 것은 아무것도 없으니 그의 선택은 잘못된 것이었다며 비판하는 쪽이 있다. 그중에 굴원을 깊이 이해했던 역사가가 사마천이다.

사마천司馬遷(기원전 145~86)은 굴원의 전기를 쓰면서 그의 고결한 인품은 해와 달과 견주어도 뒤지지 않을 만큼 깨끗하다고 칭송했고, 그가 억울함을 풀 길이 없어서 작품을 남긴 것을 '발분저서發憤著書'라고 했다. 발분저서를 풀이하자면 '가슴에 맺히고 웅어리진 것이 있지만 풀어낼 길이 없어서 글로 쓴 것'이다. 즉 분노가 치밀어 올라서 책을 썼다는 뜻이다. 굴원의 심정을 꿰뚫은 표현이다. 그리고 발분저서는 예술 창작의 동기를 설명하는 말이기도 하다. 굴원은 조국으로부터 외면당했지만 세월이 흐른 뒤에 자신의 진정성을 알아주고 기록해준 사마천이라는 역사가의 붓 끝에서 새롭게 태어났으니, 그 억울함이 조금이나마 해소되지 않았을까.

사마천은 '발분저서'로 굴원의 심정을 헤아리는 동시에 굴원을 모함했던 소인배 이름도 기록하였다. 대부大夫 상관근상上官靳尙이라 하여 직책과 이름이 지금껏 전해지니 역사에 오명을 남긴다는 게 바로 이런 것이다. 상관근상은 질시와 욕심에 이끌려 굴원을 모함했다. 무분별한 비방은 분노를 넘어 사람을 죽음에까지 이르게 할 수 있다. 그래서 남에 대한 말은 신중해야 한다.

우리는 누구나 자신이 소인배는 아니라고 생각한다. 내가 군자나 대인배는 되지 못할지언정 적어도 소인배는 아니라고 생각한다. 과연 그럴까. 항상은 아닐지라도 순간순간 대중추수의 분위기에 휩쓸려 평생에 몇 번쯤은 소인배 같은 짓을 하고 나중에

삶을 꿰뚫는 지혜

후회하기도 한다. 특히 집단적인 심리에 휩쓸려 남에게 비난의 말을 쏟아내고는 아무런 책임도 지지 않는 사람들이 많다. 그로 인한 심각한 상처와 괴로움, 악영향은 내가 아닌 타인의 몫으로만 남겨진다. 익명성에 숨어서 하는 나의 필설이 누군가의 억울함이 되지 않도록 주의하기만 해도, 현대사회의 대인배가 될 수 있을 것이다.

• 오늘의 고사성어

구사일생	九死一生

九死一生

현재뜻	죽을 고비를 여러 번 넘기고 겨우 살아남다

본래뜻	아홉 번 죽고 한 번을 못 산다 해도 후회는 없다

구우일모
九牛一毛

수없이 많은 것들 가운데 하나

내 죽음을 하찮게 만들 수는 없다

여름 오후 무더위가 엄습한 교실, 60명이 넘는 고등학생들이 시름시름 졸고 있는 수업시간. 평소라면 학생들의 집중력 상승에 막강한 힘을 발휘했을 선생님의 빛바랜 첫사랑 이야기도 전혀 맥을 못 추는 그런 나른한 오후, 하필이면 수업 내용은 서양철학의 존재론이었다. 무거운 눈꺼풀을 견뎌야 하는 학생들과 지루한 수업의 한판 대결, 승자는 뻔했다. 그런데 반전이 있었다.

선생님은 '인간의 존재란 거대한 우주의 한 점 먼지에 지나지 않는다'며, '우주의 시간관념으로 보자면 인간의 수명은 찰나에 불과하다'고 설명하셨다. 얼마나 작고 유한한 존재인가. 반면에 크기도 깊이도 가늠할 수 없는 거대한 시공간에서 하나뿐인 '나'라는 존재, 얼마나 독보적이고 소중한가. 인간의 존재를 우주속 먼지 한 톨과 유일무이의 절대적 가치라는 양극단의 관점에서 설명하고, 그렇다면 과연 어떻게 살아야 하는지를 흥미롭게 가르쳐주시던 선생님 덕분에 교실은 다시 활기가 돌았다.

수업이 끝나고 쉬는 시간, 친구 두 명과 매점에서 아이스크림을 사 먹는 내내 너무도 재미있는 수업 내용에 들떠서 그 시절의 우리가 할 수 있었던 만큼 양껏 두서 없이 떠들며 흥분했던 기억이 강렬하게 남아 있다. 지금 돌아보면 수업의 내용 자체는 그다지 새로울 것이 없었지만, 주입식 교육에 길들여진 고등학교 1학년 학생들에게는 스스로 생각할 문제를 던져준 흥미로운 수업이었다. 또 나에게는 좋은 수업이 학생에게 얼마나 신선한 자극을 줄 수 있는지를 알게 된 경험이었다. 후에 대학에 입학하고 박사까지 공부한 뒤에도 나는 당시 그 선생님처럼 쉽고 간결하게 그러면서도 핵심을 짚어서 수업하는 분을 본 적이 없다. 그래서 내게는 가장 인상적인 수업으로 남아 있다.

구우일모는 아홉 마리의 소 가운데 박힌 하나의 털이란 뜻으로, 매우 많은 것 가운데 극히 적은 수를 가리킨다. 소는 가축 중에 가장 체격이 큰 동물이다. 게다가 한자에서 숫자 9는 가장 큰 수를 나타내므로 아홉 마리 소의 털이라는 것은 그야말로 '무수히 많음'을 뜻한다. 셀 수 없이 많은 털 중의 단 한 올이라니 눈에 띄지도 않는 것이다. 있어도 그만이고 없어도 그만이다. 아니 오히려 하찮을 정도이다. 수없이 많은 것들 가운데 하나에 불과하므로 별 의미도 없고 존재가치도 미미하다. 그리고 소가 밭을 가는 땅으로부터 눈을 돌려 하늘을 올려다본다면 광활한 우주의 수많은 별 중 하나가 여기에 해당하니, 구우일모는 '우주 속 먼지 한 톨'의 농촌 버전인 셈이다.

： 존재의 가벼움 혹은 무거움 ：

사람들은 평소에는 잘 지내다가도 가끔 제 존재가 아주 작고 사소하고 가볍다고 여겨지는 순간을 맞닥뜨리곤 한다. 마치 백사장의 모래 한 알이나 우주의 먼지 한 톨과 같다는 그 생각이 몹시도 강렬하게 다가올 때가 있다. 자신의 존재의 크기가 문득 자각될 때 그렇다. 구우일모는 사마천이 한 말인데, 이 위대한 역사가도 자신의 존재에 대해 한없이 작게 느낀 적이 있었다.

사마천은 이릉李陵(기원전 134~74)을 변호한 죄로 궁형宮刑에 처해졌다. 궁형은 남성의 생식기를 제거하는 고대의 형벌이었다. 당시에는 궁형을 받으면 그대로 궁형을 받아들일지 아니면 사형을 택할지 고를 수 있었는데, 궁형을 당한 채 살아가는 것이 죽음보다 못하다고 생각했기 때문에 대부분은 사형을 택했다. 그리고 사형이라고 해도 50만 전의 돈을 내면 죽음을 면할 수가 있었기에, 사마천은 사형을 택하고 돈을 마련해서 살 길을 찾아보려고 했다. 거액의 돈을 마련하기 위해서 주변에 도움을 요청했지만, 황제의 노여움을 산 사마천을 도우려 나서는 이가 없었기 때문에 뜻대로 되지 않았다. 결국 그는 궁형을 택했다.

： 살아야 할 명분을 죽음에서 찾다 ：

사마천은 궁형을 선택하기까지 살아남을 것인가 죽음을 받아들인 것인가를 놓고 많은 생각을 했다. 그냥 구차하게나마 살아남을까, 왜 그래야 하나, 여기서 죽으면 어떻게 될까 등 살아야 할 명분과 죽어야 할 이유를 두고 고민을 했다. 아무리 위대한 역사가일지라도 존재의 의미와 죽음 앞에서는 그저 한 명의 인간일 뿐이고, 아홉 마리 소 중의 한 가닥 털의 신세일 뿐이었다. 삶과 죽음, 존재의 가치, 죽음의 무게라는 깊은 고민 끝에 사마천이 얻은 결론은 '그래도 살아야 한다'는 것이었다. 남은 문제는 치욕을 감내하고 살아야 하는 이유를 찾는 것이었다. 그는 왜 이대로 죽을 수 없는지를 〈보임소경서報任少卿書〉에서 밝혔다.

> 만일 제가 법의 심판을 받아 죽음을 받아들인다면,
>
> 마치 아홉 마리 소 중에 털 하나가 없어진 것처럼若九牛亡一毛
>
> 하찮을 텐데
>
> 땅강아지나 개미의 죽음과 무엇이 다르겠습니까? [3]

이대로 죽는다면 자신의 죽음은 구우九牛 중 일모一毛가 사라진 것처럼 너무도 보잘것없어진다고 생각했다. 구우일모의 출처인 〈보임소경서〉는 사마천이 친구인 임안任安에게 보낸 답장의 편지이다. 편지를 쓸 때에 사마천은 궁형을 당하고 《사기史記》를 저술하는 중이었고, 임안은 유거劉據의 무고巫蠱 사건(한 무제의 아들 유거가 '무고'라는 주술로 왕을 저주했다는 누명을 쓰면서 대대적으로 일어난 숙청과 처형)으로 투옥되어 사형선고를 받은 상태였다. 이 편지는 사형을 선고받은 임안이 사마천에게 도움을 청하는 편지를 보냈는데 사마천이 자신의 처지로 인해서 답장을 못하고 있다가 임안의 사형이 임박했다는 소식을 듣고 뒤늦게 보낸 답장이었다. 죽음을 앞둔 친구에게 보낸 글인 동시에 죽음의 문턱까지 갔다가 살기로 마음먹은 사마천이 자신이 살아야 할 이유와 명분을 상세히 밝힌 글이다.

*＊＊

사마천은 죽음도 궁형의 치욕도 두렵지 않았다. 그가 두려워한 것은 오직 가치 없는 죽음이었다. 자신의 죽음이 땅강아지나 개미의 죽음처럼 치부되는 것을 용납할 수 없었기에 끝내 살아서 《사기》를 남겼다. 사는 동안의 고통을 기꺼이 감내했지만 죽어서 이름이 수치를 당하는 것은 차마 견딜 수 없었던 것이다. 그래서 생전의 고통과 사후의 명예를 맞바꾸었다. 도대체 죽은 후의 이름값이 무엇이기에 그는 이토록 사후의 명성이 죽음에 무게를 실어줄 것이라 믿었을까. 구우일모는 단순히 수많은 것 중의 하나가 아니라, 자신의 죽음을 하찮게 하지 않으려는 사마천의 뜻이 담긴 표현이다.

사람은 본디 한번은 죽게 마련인데,
어떤 죽음은 태산처럼 무겁고

내가 두려운 것은 오직 가치 없는 죽음뿐

어떤 죽음은 기러기 깃털보다 가볍습니다.

이는 추구하는 바가 각기 다르기 때문입니다. **4**

죽음은 다 같은 죽음이 아니다. 태산보다 무거울 수도 있고 깃털보다 가벼울 수도 있는데, 그 차이는 무엇에 가치를 두고 살았는지가 결정한다. 살아야 할 이유를 죽음의 가치에서 찾았다는 것은, 죽음을 삶의 연속으로 보았다는 것이다. 이 편지에는 역경과 죽음에 대한 그의 생각, 생사관이 잘 드러나 있다. 한편으로는 죽음의 경중을 논하는 것이 온당한지 사마천에게 물을 수도 있다. 모든 생명의 탄생이 위대하듯이 모든 생명의 죽음은 숭고하고, 어떤 생명이든 소멸을 피할 수 없다는 점에서 죽음은 모두에게 동일하기 때문에 이런 식의 구분에 의문이 생길 수 있다. 그러나 깃털보다 가벼운 죽음이라고 해서 사마천이 결코 죽음을 경시한 것이 아니다. 그는 죽음이라는 사실과 현상 너머에 있는 무게와 가치를 강조한 것이다.

사마천의 글은 인간의 존재와 삶과 죽음에 대해서 생각하게 만든다. 사마천과 같이 극단의 상황에서 생사를 선택해야 하는 경우는 드물다. 그러나 젊은 학생들에게 만일 사마천의 경우라면 어떻게 하겠느냐고 물어보면, 열이면 열 모두 죽어서의 명예 따위 필요 없다고 답한다. 살아 있는 게 중요하고 살아 있을 때 행복하고 싶다고 한다. 구우 중의 일모가 될지라도 사는 동안 즐겁고 가치 있게 산다면 그것으로 충분하다는 말이다. 그러니 '현생이 전부다'라는 관점에서 본다면 사후의 명예가 생전의 고통을 보상해주지 못하므로, 죽음의 경중을 따지는 사마천을 이해하기 어려워진다. 그러나 치욕을 견디고서라도 어떻게든 살아남았다는 점에서 학생들의 대답은 또 사마천과 비슷한 측면을 보인다. 삶의 끈질김을 택한 사마천은 이런 의미에서 현대적인 인간이다.

사마천은 죽어서 구우일모가 되는 것은 차마 견딜 수 없었다. 자신의 인생을 무언가를 상실한 채 이미 훼손되었다고 여기던 그는, 존재의 이유를 죽음의 가치에서 찾을 수밖에 없었다. 살아 있어도 살아 있는 것이 아니었기에 죽음 이후에서 의미를 찾은 것이다. 그래서 〈보임소경서〉에서 죽음을 열 가지로 나누어 상세하게 설명했다.

> 가장 좋은 것은 조상을 욕되지 않게 하는 것이고,
>
> 그 다음은 자신을 욕되지 않게 하는 것이며,
>
> 그 다음은 세상 이치와 체면을 욕되지 않게 하는 것이며,
>
> 그 다음은 자신의 말을 욕되지 않게 하는 것이며,

그 다음은 몸을 굽혀 치욕을 당하는 것이요,

그 다음은 죄수복을 입는 치욕을 당하는 것이며,

그 다음은 형틀을 쓰고 밧줄로 묶여서

매질을 당하는 치욕을 받는 것이며,

그 다음은 삭발당하고 쇠고랑을 차는 치욕을 받는 것이며,

그 다음은 살갗이 찢기고 사지가 잘리는

치욕을 당하는 것이요,

가장 나쁜 것은 궁형을 당하는 것으로 치욕의 극치입니다.[5]

    그는 궁형을 가장 낮은 열 번째로, 치욕의 극치로 보았다. 그러니 살아서의 의미보다 죽은 후의 가치에 몰두할 수밖에 없었고, 그래서 〈사기〉를 완성함으로써 그 가치에 힘을 실으려 했다. 열 가지 중에서 여섯 번째 이후는 전부 고대의 형벌이기 때문에 사실 공감하기 좀 어렵다. 그러나 앞의 다섯 가지는 죽음의 가치인 동시에 삶의 지침이 되기도 한다.

    일상에 묻혀서 살다 보면 죽음은 저 멀리에 있다고 느껴진다. 손에 잡히지도 와닿지도 않기 때문에 추상적인 개념에 불과해 보인다. 하지만 '모든 것은 상대적'이라는 말마따나, 삶을 잘 꾸려 가려면 가끔 죽음을 생각할 필요도 있다. 죽음을 어떻게 바라보

는가에 따라서 삶의 태도가 결정되기 때문이다. 사마천처럼 너무 비장해질 필요는 없겠지만 잠시 한번 생각해보는 것도 나쁘지 않을 것이다.

구우일모	九牛一毛

九牛一毛

현재 뜻	수없이 많은 것들 가운데 하나

본래 뜻	내 죽음을 하찮게 만들 수는 없다

붕정만리

鵬程萬里

앞날이 창창하고 계획이 원대하다

자유를 향한 기나긴 변화와 고통의 여정

고대 중국인들은 세상에 존재하지 않는 상상의 동물을 몇 가지 만들어냈다. 용과 봉황이 대표적이다. 존재하지도 않고 본 적도 없는 용과 봉황에 갖가지 좋은 뜻을 부여해가며 수천 년을 이어 왔다. 당연히 관련한 고사성어도 있다. 화룡점정畵龍點睛, 용두사 미龍頭蛇尾, 봉모인각鳳毛麟角(봉황의 털과 기린의 뿔, 훌륭한 인재를 뜻함) 등이 있다. 이뿐인가. 용과 봉황을 같이 쓰는 와룡봉추臥龍鳳雛(누 워 있는 용과 어린 봉황, 숨어있는 인재를 뜻함, 복룡봉추伏龍鳳雛라고도 함)나 용비봉무龍飛鳳舞(용이 날고 봉황이 춤춘다)도 있다. 그리고 용과 봉황

외에 오래된 상상의 동물이 또 하나 있다. 바로 붕鵬이라는 새다. 붕이 들어간 성어 중에 널리 알려진 것이 붕정만리다.

붕정만리는 붕이 만 리를 날아간다는 것으로, 큰 뜻을 품고 장도長途에 오른다는 말이다. 뜻풀이를 보면, 산을 넘고 물을 건너야 할 정도로 멀다는 뜻도 있고 아주 양양한 장래를 비유적으로 이르기도 한다. 주로 원대한 계획이 있고 전도가 밝을 때 쓴다. 장차 이룰 큰일에 대한 기대가 있기에 상당히 희망적인 표현이다.

사람은 누구나 붕이 되어 만 리를 날 수 있기를 갈망한다. 그러나 원대한 계획을 품는다고 해서 모두 붕이 되는 것도 아니고, 붕이 되었다고 해도 항상 만 리 길을 날아가는 것도 아니며, 날아오른다고 해도 도착할 때까지 예측 못한 갖가지 위험에 봉착하기도 한다. 여기까지만 생각해봐도 붕정만리가 만만치 않다는 게 분명해진다. 그렇다면 붕은 어떻게 만 리를 날았는가. 그에 앞서 붕은 대체 무엇인가.

: 장자와 만나는 첫 장면, 붕 :

붕정만리는《장자莊子》의 첫 장인 〈소요유逍遙遊〉에 나온다. 중국 역사상 최고의 상상력을 보여준 인물 중 한 명인 장자莊子(기원전 369~289)와 그의 저작을 마주하는 첫 대목에 붕이 등장한다.

북쪽 바다에 물고기가 한 마리 있었는데, 이름은 '곤鯤'이다.
물고기 곤은 그 크기가 몇천 리가 되는지 모를 만큼 컸다.
곤이 변해서 새가 되는데, 그 새의 이름이 '붕鵬'이다.
새 붕도 그 등이 몇천 리가 되는지 모를 만큼 컸다.
붕이 기세를 타고 날아오르면
양 날개는 하늘의 구름을 뒤덮는 것 같았다.
이 새는 바다의 움직임을 타고 남쪽 바다로 이동하려는데
남쪽 바다는 천지天池였다.
제해齊諧라는 사람이 다음과 같은 기이한 일을 기록했다.
"붕이 남쪽 바다로 이동할 때 그 날개로 물을 한 번 치니 삼
천 리나 되었고 회오리바람을 타고 오르니 하늘 구만 리까
지 갔다. 이렇게 여섯 달을 날아가서야 비로소 그 날개를 쉬
었다."**6**

크기를 가늠할 수 없을 만큼 거대한 물고기 곤이 변해서 역
시 크기를 가늠할 수 없을 만큼 거대한 새 붕이 되었다. 붕과 곤은

현실에 존재하지 않는 상상의 동물이다. 상상의 동물이 상상 초월의 규모로 움직인다. 하늘을 뒤덮는 양 날개, 그 날개로 바다를 박차고 오를 때 생기는 삼천 리의 물보라. 바람을 타면 창공을 향해 구만 리나 올라가고, 일단 한번 날아오르면 여섯 달을 쉼 없이 날아간다. 평범한 인간의 지각 수준으로는 감이 잡히지 않는 장대한 스케일이다.

붕은 크기가 거대한 만큼 날갯짓 한 번도 경솔하게 할 수가 없다. 따라서 비상하기 위해 필요한 조건이 충분히 갖추어져야 날아오를 준비를 한다. 이때 고려해야 할 사항이 여러 가지인데, 우선 바람의 세기가 거대한 날개를 띄울 수 있을 정도인지 그리고 풍향은 목적지로 향하는지 봐야 한다. 이런 외부 요건이 갖추어졌다면 때를 보고 있다가 날갯짓을 해야 한다. 또 삼천 리의 물보라를 일으키며 구만 리 하늘로 박차오를 때는 비행을 완수하겠다는 굳건한 의지와 엄청난 체력이라는 내부 요건이 반드시 뒤따라야 한다. 그리고 일단 날아오르면 휴식 없는 비행이 시작된다. 북쪽 바다를 떠나서 남쪽 바다로 향하는 비행은, 익숙함을 떠나 미지의 세계로 가는 긴 여행을 의미한다. 즉 붕은 날아오름과 동시에 길고 험난한 여행을 시작해야 한다.

: 만리 비상의 조건 :

붕의 원형은 물고기 곤이었다. 그는 곤의 원래 서식처였던 북쪽 바다를 떠나 하늘로 날아오르려 한다. 붕을 날아야 한다. 새가 된 이상 나는 것이 그의 운명이고, 비행을 외면할 수 없다. 날아서 남쪽 바다에 이르겠다는 목표가 있다. 이는 붕이 새라는 정체성을 확인하기 위한, 존재 증명을 위한 필수 과정이다. 현재 우리가 붕정만리라는 표현을 할 때는 상상 속의 큰 새가 멋들어지게 창공을 가로지르는 낭만적이고 장대한 장면을 떠올리지만, 실상은 기나긴 분투의 과정이다. 붕정만리라는 말에는 물고기에서 새로의 변형이라는 정체성 문제부터, 바다로부터 하늘을 향하게 되는 환경의 변화, 남북을 가로지르는 대장정의 여정, 익숙한 것과 결별하고 미지로 나아가는 도전 등 낭만의 차원을 넘어서는 풍부한 함의가 담겨 있다. 그래서 붕이 만 리를 날아가는 과정은 그 전체가 변화와 난관의 상징이다.

이런 점이 극한의 상상력을 가진《장자》읽기의 매력이기도 하다. 유가儒家에서는 붕처럼 특이한 생명체를 상정하지도 않을 뿐더러, 수천 리 날개를 펼쳐 창공을 가로지르는 존재는 허황되고 비현실적인 것으로 치부되기 십상이다. 그래서인지 어렵고 험난한 여행을 하려는 붕을 이해하지 못하는 무리들이 있었다. 〈소요유〉의 뒷부분이다.

> 메추라기는 붕이 나는 것을 비웃으며 말했다.
> "저 새는 어디로 가려는 것인가?
> 나는 높이 뛰어올라 하늘로 날아오르면 수십 길에 오르기도
> 전에 풀숲 사이에서 날갯짓을 한다.
> 이것이 내가 날 수 있는 최고 높이인데,
> 저 새는 어디로 가려는 것인가?"[7]

메추라기가 붕을 비웃는 이유는, 자신은 당최 가늠조차 할 수 없는 높이에 도달하려는 그 비행의 크기를 모르기 때문이다. 몸집이 작은 새인 메추라기는 자신의 날개와 비행 범위 안에서 경험하고 인식하기 때문에, 삼천 리니 구만 리니 하는 붕의 마음을 알지 못한 채 괜한 요란법석이라고 생각한다. 이는 메추라기와 붕의 몸체의 차이이자 비행 고도의 차이이며 결과적으로 관점과 생각의 차이다.

《장자》에는 붕이 메추라기를 어떻게 생각하는지 나오지 않지만, 붕도 메추라기가 이해 안 되기는 피차 마찬가지였을 것이

"메추라기는 붕이 앞둔 비행의 크기를 가늠조차 못하고,
자신의 날개와 비행 범위 안에서 붕을 비웃는다."

다. 같은 창공을 질주하건만 둘 사이에는 현격한 장벽이 놓여 있다. 붕도 몸집이 작은 새들은 어떻게 날고 어떻게 먹이를 잡는지 알 턱이 없다. 하루살이가 계절의 변화를 모르고 우물 안 개구리가 바다를 알 리 없는 것과 같은 이치다. 그렇다면 장자는 메추라기는 하찮고 붕은 위대하니, 메추라기도 붕처럼 원대한 날갯짓을 흉내 내야 한다고 말하는 것일까? 그렇지 않다. 둘 다 몸집과 특징과 능력이 다른데 그 차이를 인정하지 않고 억지로 자신을 버리고 남처럼 살아서는 안 된다고 말한다. 붕은 붕대로, 메추라기는 메추라기대로 살면 된다. 각자에게 주어진 것을 받아들이고 나름의 방식을 찾아야지, 어설픈 모방은 의미가 없다.

： 붕의 고독 ：

붕이 만 리를 나는 모습은 상상만으로도 장쾌하다. 붕의 앞길을 가로막는 어떤 장애물도 없을 것 같고 순탄해 보인다. 그러나 물고기에서 시작해서 날아오를 때까지의 과정과 기나긴 여정을 마칠 때까지 쉴 수 없는 처지를 헤아려보면, 붕의 비행은 분명히 고난이다. 무엇보다 중요한 것은 이 여행은 강요당한 것이 아니라 붕이 자처해서 시작했다는 점이다. 고통과 어려움이 있지만 변화와 성장을 위해서 기꺼이 비상을 감행했다.

인간은 각자 저마다의 기준으로 세상을 본다. 그런 의미에서 메추라기와 붕은 서로 다른 세상을 산다. 메추라기는 흔히 볼 수 있지만 붕은 드물기 때문에, 붕을 이해하는 존재는 아예 없거나 극히 드물다. 그러니 붕은 품은 뜻이 웅대한 만큼 외롭다. 창공의 비행으로 무한한 즐거움과 자유를 얻었지만 한편 늘 혼자이고 간혹 메추라기 부류에게 비웃음도 산다.

그런데도 붕과 메추라기 중 무엇이 되고 싶냐고 물어보면 사람들은 대부분 붕이 되고 싶다고 한다. 만일 '당신은 메추라기군요'라고 말한다면 욕을 들을 수도 있다. 그리고 '당신은 붕과 같군요'라고 한다면 감사의 말을 들을 수도 있다. 메추라기는 평범하고 붕은 특별하며, 메추라기가 이루는 것과 붕이 이루는 것의 가치는 다르다고 생각하기 때문이다. 기왕이면 특별하고 큰 존재가 되고 싶기에 그 바람을 붕에 투영한다. 하지만 세상 모두가 붕이 된다면 붕은 결국 너무나 평범해지고, 오히려 메추라기가 매우 특별한 존재가 될 것이다. 이렇듯 모든 것은 상대적인데 인간은 이 점을 잊고 살기에 고통이 커진다.

작은 몸집의 메추라기는 체력도 영양분도 비축이 안 되기 때문에 붕처럼 육 개월 동안 쉬지 않고 날 수가 없다. 같은 원리로 붕처럼 큰 새는 메추라기처럼 나무 사이에서 날갯짓을 할 수가 없다. 붕에게 만 리가 메추라기에게는 백만 리다. 그런데도 절대적인 크기에 매달려서 대소를 따지고 원대함과 자잘함으로 나눈다면, 붕은 멋있고 메추라기는 하찮게 보는 갇힌 생각에서 벗어나지 못할 것이다. 따라서《장자》에서 우리가 배워야 할 것은 간단하다. 내가 아닌 것과 내게 없는 것을 갈망할 것이 아니라 나인 것 그리고 내게 있는 것을 돌아보고 성장시키면 된다.

• 오늘의 고사성어

붕정만리	鵬程萬里

鵬程萬里

현재 뜻	앞날이 창창하고 계획이 원대하다

본래 뜻	자유를 향한 기나긴 변화와 고통의 여정

암중모색

暗中摸索

어둠 속에서 더듬어서 찾다

훌륭한 인물은 만난 적 없어도 알아볼 수 있다

암중모색은 어둠 속에서 손으로 더듬어 찾는다는 뜻이다. 보다 의미를 확장하면, 확실한 방법을 모른 채 짐작으로 무엇을 알아내거나 실마리나 해결책을 찾아내려는 것을 뜻한다.

실제로 어둠 속에서 무언가를 찾아본 적이 언제인가 싶다. 예전처럼 정전이 되는 시대도 아니고, 핸드폰 불빛은 조명을 대신할 만큼 충분히 밝다. 쉬이 잠들지 못하는 도시는 밤낮없이 환해서 어둠을 몰아내고 있으니, 이제 웬만해선 '암중'에 '모색'할 일은 거의 없다.

당대(당나라 시대) 초기에 재상까지 지낸 허경종 許敬宗(592~672)은 관직은 높았지만 인품마저 높지는 못했던 듯하다. 평소 성격이 경솔하고 오만한 데다 사람의 얼굴을 잘 알아보지 못하는 경향이 있었다. 요즘에도 물론 이런 사람들이 있다. 소위 '안면인식장애'라고 해서 이미 몇 번 본 사람인데도 누구인지 몰라보고 마치 처음 본 사람처럼 대하는 경우가 있다. 그런데 허경종이 사람을 못 알아보는 일이 반복되다 보니 본인은 차치하고 상대방이 머쓱하고 난처해지기가 일쑤였다. 그러던 중에 지인 한 명이 참다못해 허경종에게 한마디 건넸다.

"자네가 자꾸 사람을 알아보지 못하는데, 그것은 똑똑하지 못해서 그런 것인가?"

그러자 허경종이 이렇게 대답했다.

"자네처럼 이름 없는 사람의 얼굴은 기억하기 어렵지만, '하유심사'처럼 유명한 사람들을 만나게 된다면 어둠 속에서 손으로 더듬거려도 누구인지 식별할 수 있다네!"[8]

암중모색이란 말은 여기에서 나왔는데, 이 짧은 대화에서 여러 가지를 읽어낼 수가 있다. 우선 질문을 보자. 허경종은 당 태종에게 발탁되었고 고종 때에 재상을 지냈고 이후 측천무후(고종의 황후)가 권력을 잡던 시기에 위세를 떨친 인물이었다. 힘 있는 정치인이자 문장가라는 말이다. 이런 사람에게 똑똑하지 못하니 어쩌니 했으니 설령 허경종에게 일침을 가하려는 목적이었다 해도 질문 자체가 세련되지도 현명하지도 않다. 사실 누가 들어도 불쾌할 만하다. 질문이 이러니 대답이 곱게 돌아올 리 만무하다. 질문한 사람을 바로 기억할 수 없는 사람, 즉 전혀 중요하지 않은 인물로 치부해버리는 오만하고 무례한 대답이 돌아왔다.

: 좋은 질문이 좋은 답을 준다 :

'하유심사'란 하손何遜, 유효작劉孝綽, 심약沈約, 사조謝朓라는 네 인물의 성씨만 따서 부른 것이다. 네 사람은 남북조시대 양梁 (502~557)나라 시절, 문학의 흥성을 주도했던 인물들이다. 양나라는 초대 황제인 소연蕭衍이 건국한 이래로 왕실 구성원들도 뛰어난 문학적 재능을 발휘했을 뿐 아니라, 문단 활동에 좋은 환경을 조성해서 짧은 왕조 역사에 비해서 훌륭한 문학적 성과를 남긴 나라였다. 그중 하유심사는 화려하게 번성했던 왕조를 대표하는 문학가였다. 시대의 아이콘이라 할 수 있었기에 그들을 모르는 사람이 없었다.

허경종이 하유심사를 언급한 것은 이들이 유명하고 뛰어난 사람들이었기 때문이었다. 질문한 지인을 향해서는 자네가 누구인지 기억도 못하겠다고 하찮게 대한 반면에, 네 사람은 본 적이 없어도 잘 안다고 한껏 높여서 대비시켰다. 본 적도 없는 옛날 사람을 암흑 속에서 손으로 더듬어서 구분할 수 있다고 장담한 것은 그동안 네 사람의 글을 수도 없이 읽었기 때문에 각각의 개성까지 파악했다는 상당한 자신감을 드러낸 것이다. 만난 적 없는 사람을 잘 안다는 것은 무엇인가. 예를 들어 좋아하는 책을 자주 읽다 보면 등장인물뿐 아니라 작가마저도 친근하게 느껴진다. 같은 원리로 좋아하는 영화나 드라마도 자주 보고 관심을 쏟다 보면 그들은 나를 모를지언정 나는 그들을 꿰뚫고 있기에, 대사 한 대목만 들어도 어떤 장면인지 알아낼 수 있을 정도가 된다. 아주 작은 단서로도 알아보는 것은 관심과 애정이 있기 때문이다. 허경종도 네 사람에게서 이런 느낌을 받은 것이다.

기록을 보면 허경종은 말재주가 뛰어났고 말의 설득력도 좋았던 것 같다. 불쾌한 질문에 반격한 것은 물론 위대한 네 사람을 본 적도 없지만 식별할 수 있다고 함으로써 그들을 향한 흠모와 추앙도 드러냈다.

: 만난 적 없지만 잘 안다 :

그러나 정치에서는 그를 두고 충신 혹은 간신이라 칭하며 상반된 평가를 한다. 《신당서新唐書》에는 중국 정사正史 최초로 〈간신전奸臣傳〉 항목을 두었는데 여기에 첫 번째로 기록된 이름이 허경종이다. 이를 두고도 의견은 나뉜다. 당대에도 간신이라 할 만한 인물은 여러 명이 있었지만 시대 순으로 나열하다 보니 초기의 허경종이 맨 앞을 장식한 것이라고도 하고, 《신당서》는 송대 구양수歐陽修 등 보수적인 역사가들이 편찬한 역사서이기 때문에 중국 최초이자 유일한 여성 황제인 측천무후를 폄하하기 위해서 그를 지지했던 허경종의 이름을 맨 앞에 올린 것이라고도 한다. 역사에 대한 해석에는 가치 평가가 개입되므로 한 인물에 대해서 여러 가지 평가가 나오는 것은 당연하다. 충신인지 간신인지는 판단하는 사람의 몫이다.

촉각이든 후각이든 어둠 속에서 무엇을 찾아내는 것은 분명 능력이다. 허경종처럼 평소에 하유심사의 글을 깊이 접하고 자신감을 갖는다면 때론 암중모색도 가능할 것이다. 그의 대답이 오만하다고 지적하기 이전에 그에게 하유심사가 있었다면, 지금 나에게 하유심사는 무엇인지 생각해볼 필요가 있다. 허경종처럼 관심 있는 대상에 깊이 빠져들어 잘 알게 된 것이 있다면 그것이 바로 암중모색할 수 있는 강력한 능력이니 말이다.

• 오늘의 고사성어

암중모색	暗中摸索

暗中摸索

현재 뜻	어둠 속에서 더듬어서 찾다

본래 뜻	훌륭한 인물은 만난 적 없어도 알아볼 수 있다

천고마비

天高馬肥

하늘이 높고 말이 살찔 정도로 평화롭다

곧 무서운 적군이 침략해 올 것이다

천고마비, 독서의 계절, 등화가친 燈火可親⋯⋯.

가을을 뜻하는 말들이다. 해가 갈수록 봄과 가을은 점점 짧아지고 여름과 겨울은 점점 길어지는 느낌이다. 사계절을 자로 잰 듯 균등하게 나눌 도리는 없지만, 봄과 가을이 유독 짧게 느껴지는 것은 사실이다. 특히 가을의 깨끗한 하늘, 풍성한 구름, 청명한 공기는 계절의 축복이다.

가을을 흔히 하늘은 높고 말은 살찌는 '천고마비'의 계절이라고 표현한다. 천고마비는 하늘이 높고 말이 살찐다는 뜻으로,

높푸르게 보이는 하늘 아래 온갖 곡식이 익는 가을철을 말한다. 아름다운 가을 들판 위에서 말들이 풀을 뜯는 광경을 본 적이 있는가. 참으로 한가롭고 평화롭다. 그러나 이 평화로운 풍경을 보면서 중국인들은 조만간 닥칠 두려움을 느꼈다. '천고마비'라는 표현은 당唐의 시인 두심언 杜審言(약 645~708)의 시에 보인다.

북쪽 땅에서 추위로 고생 많겠지,

남쪽 성 지키는 병사들도 아직 돌아오지 못했네.

변방의 소리는 오랑캐의 어지러운 피리 소리뿐,

차가운 기운이 군복으로 스며드네.

비와 눈 내리는 관산 關山은 어둑어둑,

바람과 서리에 초목도 듬성듬성.

오랑캐 병사들 싸울 의욕이 없는데,

한漢의 병사들은 아직도 포위망을 강화하네.

구름 걷히고 요성 妖星이 떨어지니,

가을 하늘 높고 변방의 말이 살찌네.

말을 타고 명검 휘두르고, 붓을 들어 전쟁문서 휘갈기네.

피난 갔던 왕의 수레도 장안으로 돌아오니,

친구들도 수도로 가득 모이네.

승리의 개선을 하여, 봄이 오면 노래와 춤으로 축하하세. **9**

　　이 시는 두심언이 돌궐突厥 정벌을 위해서 출정하는 친구 소
미도蘇味道(648~705)에게 보냈던 편지다. 시에는 북쪽 땅이 춥고
낯설겠지만 승리하여 돌아오기를 바라는 격려와 바람이 담겨있
다. 특히 '가을 하늘 높고 변방의 말이 살찌네秋高塞馬肥'라는 구절
에 돌궐에 대한 공포와 두려움을 함축적으로 표현했다. 북방의
이민족에 대한 중국인의 두려움은 당 이전부터 있었던 오래된 것
이지만, 이 구절이 보다 암시적이면서도 잘 표현한 것으로 널리
알려졌다. 나중에는 추고마비秋高馬肥로 불리었고 후에 천고마비
로 쓰게 되었다. 천고마비란 사실은 전쟁에서 곧 맞서 싸워야 하
는 강력한 적수와 그에 대한 공포를 내포한 표현이었다. 가을 하
늘의 낭만과 여유는 오간 데 없다.

: 초원, 말 그리고 북방민족 :

중국 북방의 드넓은 초원에 가을이 찾아오면 뛰놀던 말들은 여름
내내 무성하게 자라난 풀들을 먹기 시작한다. 다가올 겨울을 대

비해서 양껏 풀을 뜯어먹고 살을 찌우기 위해서다. 북방의 민족은 한랭하고 척박한 겨울이면 영양분을 잔뜩 비축한 말을 타고 따뜻한 남쪽으로 내려왔다. 중국과의 전쟁이 시작되는 것이다. 따라서 가을 하늘을 보면서 중국인들은 조만간 닥칠 북방민족의 침략을 예견했다.

* * *

중국 땅의 북쪽 국경지대는 예로부터 중국민족과 북방민족 간의 치열한 전장이었다. 빈번한 전쟁으로 지친 중국인들은 급기야 이들의 남침을 지연시키기 위한 성벽을 축조했는데, 그것이 만리장성이다. 천하를 통일한 진시황秦始皇은 장성을 대대적으로 연장하고 수리했다. 그리고 장성은 명대明代까지 개축과 보수를 지속하면서 북방민족과의 경계선 역할을 했다.

명대 장성의 위치가 진대秦代보다 남쪽이었던 것을 보면 양측의 힘의 우열도 시대별로 달랐음을 알 수 있다. 중국의 군대는 전통적으로 보병과 전차 위주였고, 북방민족은 기병을 앞세웠다. 농경사회의 정주민족과 이동하는 유목민족은 기동력에서 현격한 차이가 날 수밖에 없다. 기마의 속도와 기동력을 보병이 따라갈 수가 없기 때문이다. 중국인의 눈에 비친 북방의 기마병은 무서운 존재였다. 순식간에 남하해서 모든 것을 초토화시키는 이민족을 역사서에는 이렇게 기록했다.

> 어린 아이는 양의 등에 올라탈 수 있으면 새나 쥐를 향해 활
> 을 쏘았다. 조금 더 자라면 활로 토끼를 사냥하여 식량으로
> 삼았다.
> 성인 남자는 활을 당길 힘만 있으면 모두 갑옷을 입고 기병
> 이 되었다.[10]

돌궐은 어릴 때부터 말을 타고 사냥을 했다. 즉 돌궐의 기동력
과 전투력은 일상생활을 기반으로 했고, 전쟁 등 유사시에는 성인
남자부터 아이까지 민족 전체가 즉시 동원 가능한 군사가 될 수
있기 때문에 그만큼 위협적이었다. 그리고 이들과의 오랜 접촉을
통해서 생겨난 중국인의 두려움과 공포는 피상적인 것이 아니라
매우 구체적인 경험에서 비롯된 생생한 것이었다. 그러니 가을 하
늘 아래에서 풀 뜯고 있는 말만 보아도 조만간 무슨 일이 벌어질
지를 알 수밖에 없다.

: 기마민족의 기동력과 전투력 :

중국의 북쪽 지역에는 고대로부터 흉노, 돌궐, 선비, 여진 등 여러 민족이 있었다. 이들 역시 흥망의 역사를 거쳤는데 그중에서 흉노가 가장 역사가 길고 강성했다. 특히 한대漢代에 양국의 대립이 격렬해서 한과 흉노는 200여 년간의 공방전을 벌였다. 한의 고조高祖 유방劉邦은 흉노와 화친조약을 맺기도 했는데, 조약에는 다음의 내용이 포함되었다.

> 한은 흉노의 지도자인 선우單于의 비妃로 한 황실의 여인을 보낸다.
> 한은 일정량의 솜, 비단, 술, 식료품을 흉노에게 바친다.
> 한과 흉노 양국은 형제 관계를 맺는다.[11]

조약 내용을 보면 흉노의 힘이 압도적으로 우세했음을 알 수 있다. 한 초기까지는 흉노의 전투력이 월등히 강했기 때문에 이런 조약이 체결되었다. 혼인과 조공으로 맺은 양국 관계는 한동안 유지되다가 무제武帝 때에 이르러 힘의 관계에 변화가 생기기 시작했다. 무제는 황제가 되기 이전 어려서부터 흉노와의 관계를 굴욕적이라 생각했는데, 아버지가 급기야 흉노에게 자신의 누나를 시집보내자 나중에 황제가 되면 반드시 흉노를 제압하겠다고 다짐했다. 마침내 황제에 오른 무제는 54년의 재위기간 동안 군사력 증강을 위해서 실로 많은 공을 들였다. 이 시기부터 양국은 일진일퇴의 전쟁을 거듭하면서 전력에 차츰 변화가 생겼다. 한은 여덟 차례의 흉노 정벌을 감행하면서 오랜 숙제였던 흉노 문제를 해결하고자 했다. 결국 후에 한은 흉노와 비슷한 정도의 군사력을 갖추게 되었고, 비로소 흉노를 고비사막 북쪽으로 몰아내고 영토를 확장했다. 무제의 결단으로 한과 흉노의 관계는 화친에서 대결로 바뀌게 되었다.

한 이후에도 북방의 접경지대는 남침하는 북방민족과 전쟁이 끊이지 않았고 여기에 대응하는 것이 왕조의 중대사가 되었다. 미지의 적은 두렵다. 더구나 그 적이 우리보다 우세하다는 것을 알면 일전을 겨루기도 전에 두려움은 증폭된다. 그러나 적에 대한 정보가 있다면 두려움을 조금은 가라앉힐 수 있다. 한과 흉노는 200년간의 대립을 통해서 서로에 대한 정보가 쌓였고 더 이상 상호간 완전한 미지의 대상은 아니었다. 하지만 공포의 경험이 쉽게 사라지지는 않는다. 따라서 가을 하늘 아래서 풀 뜯는 말들이 중국인에게 무엇을 의미하는지, 그리고 곧 다가올 차가운

겨울이 무엇을 의미하는지 안다면 천고마비라는 말도 이제는 달리 보일 것이다.

천고마비는 중국민족과 북방의 민족의 투쟁의 역사가 깃들어 있는 표현이다. 이 말이 나왔던 당은 물론 이후 시대에도 국경을 맞댄 민족과의 투쟁은 끝이 없었다. 이제 천고마비라는 표현에서 그 장구한 역사에 서린 민족 간의 접촉과 투쟁을 떠올리게 될 것이다.

• 오늘의 고사성어

천고마비	天高馬肥

天高馬肥

현재 뜻	하늘이 높고 말이 살찔 정도로 평화롭다

본래 뜻	곧 무서운 적군이 침략해 올 것이다

천하무적

天下無敵

세상에 적수가 없을 정도로 힘이 세다

백성을 생각하는 어진 정치가 가장 위대하다

천하무적이란 세상에 겨룰 만한 적수가 없다는 뜻이다. 반드시 전쟁이 아니더라도 한 분야에서 뛰어난 실력을 갖추어 타의 추종을 불허할 정도로 독보적인 지위에 올랐음을 나타낼 때 많이 쓰곤 한다. 그러나 천하무적의 애초의 뜻은 그 거센 기세와는 거리가 있다. 국가 간 치열한 전쟁이 지속되던 대혼란의 시대에 어떻게 해야 전쟁의 틈바구니에서 살아남을 수 있을지 고심하던 각국의 왕들에게 맹자 孟子 (기원전 372~289)가 제시한 통치술에서 나온 말이다.

맹자는 공자孔子(기원전 551~479)와 함께 유가사상을 대표한다. 그리고 맹자는 공자의 사상을 계승하고 심화했기 때문에, 두 인물 사이에는 공통점도 있다. 공자는 천하를 떠돌면서 각국의 왕들에게 자신의 정치이념을 설파했고, 이를 채택할 것을 권했지만 결국 그의 생각을 받아들인 왕은 없었다. 이미 노년에 접어든 공자는 결국 고향으로 돌아가서 후진 양성과 저술에 힘썼다. 공자 이후 백여 년이 지나 등장한 맹자 역시 공자와 마찬가지로 여러 나라를 돌아다니며 인정仁政에 바탕을 둔 '왕도王道 정치'를 권고했지만 끝내 받아들여지지 못했다. 공자도 맹자도 자신이 생각한 정치가 현실에서 실현되는 것을 보지 못했다.

맹자가 만났던 왕들 중에는 제齊와 양梁처럼 영토가 크고 백성 수도 많았던 소위 대국의 통치자도 있었고, 작고 약한 소국의 통치자도 있었다. 대국은 소국을 침탈하기 위한 방법을 알고자, 소국은 위태로운 운명에서 벗어나기 위한 길을 모색하고자 맹자와 같은 사상가들의 의견을 들었다. 왕들 중에는 현명한 자도 있었고 어리석은 자도 있었는데, 이들과의 대화와 경험을 통해서 맹자는 강국의 힘은 과연 어디에서 나오는지를 파악할 수 있었다. 그리고 이를 토대로 맹자는 나라와 나라 사이 힘의 문제에 대해서 다음과 같이 설명했다.

: 대국과 소국의 관계 :

천하에 도가 있을 때는

덕이 작은 사람은 덕이 큰 사람에게 부림을 받고

덜 어진 사람은 많이 어진 사람에게 부림을 받는다.

천하에 도가 없을 때는

작은 나라는 큰 나라에게 부림을 당하게 되고

약한 나라는 강한 나라에게 부림을 당하게 된다.

이 두 가지는 하늘의 뜻이니,

하늘의 뜻을 따르는 자는 살고 하늘의 뜻을 거스르는 자는

망한다. **12**

맹자는 우선 세상을 '도가 있을 때有道'와 '도가 없을 때無道'
로 나누어, 유도일 때와 무도일 때는 각기 다른 원리가 있다고 했
다. 도가 있을 때는 덕德과 인仁이라는 '무형의 가치'가 작동하지
만 도가 없을 때는 대소大小와 강약強弱이라는 '힘의 논리'가 작
동한다고 보았다. 특히 천하무도의 혼란의 시대에는 작은 나라가
큰 나라에 부림을 당한다. 여기서 큰 나라와 작은 나라는 영토의
크기와 백성의 수에 따라 구분된다. 영토가 크고 백성의 수가 많

을수록 경제 규모는 커지고, 경제가 왕성해지면 군사력도 더불어 강성해져서 대국이 되기 때문이다.

맹자가 말한 대소와 강약의 힘의 논리는 역사 사실로도 확인할 수 있다. 춘추시대에 170여 개에 달했던 나라의 수는 전국시대에 들어서서 20여 개로 줄어들었고, 전국 중기로 들어서면 칠웅七雄의 7개국만 살아남았다. 춘추에서 전국 시기를 거치면서 제후국 간의 패권 다툼이 격화되었고 빈번하고 극렬한 전쟁을 치르면서 약소국은 소멸했기 때문이다. 그러니 소국이 대국을 섬기는 것은 냉혹하지만 당연한 이치였다.

: 군사력보다 중요한 것 :

이 당연한 이치에 따라서 전국시대의 국제 질서도 재편되었다. 전쟁이나 협상을 통해서 대소와 강약의 원리가 나라 사이의 관계를 결정지었다. 이 약육강식의 힘의 논리를 맹자는 하늘의 뜻이라고 했고, 하늘의 뜻을 따르면 살 수 있고 거스르면 망한다고 했다. 소국은 대국에 맞설 생각을 접고 대국에게 무릎 꿇는 것이 살 길이며, 이것이 곧 하늘의 뜻이라 여기면 된다고 했다. 이 말대로

라면 승패와 존망은 이미 정해진 것이고, 그렇다면 강자는 영원히 강자이고 약자는 영원히 약자란 말이 아닌가. 그러나 여기서 맹자는 새삼 대국과 소국의 관계를 새롭게 정립했다.

> 공자께서도 '어진 정치를 하면 적국의 백성 수가 아무리 많아도 어진 정치를 당해낼 수가 없다. 모름지기 임금이 어진 정치를 좋아하면 천하에 대적할 상대가 없게 된다天下無敵'고 하셨다.
> 지금 제후들은 천하에 대적할 상대가 없기를 바라면서 어진 정치를 하지 않는데, 이것은 마치 뜨거운 것을 잡았다가 손을 찬 물에 담그지 않는 것과 같다. **13**

공자의 말을 인용하면서 맹자는 통치의 핵심은 영토 확장이나 백성 수 늘리기가 아니라 '어진 정치'라고 강조했다. 어진 정치를 행할 수 있다면 누구도 대적할 수 없는 천하무적의 나라가 될 수 있다. 앞에서 말한 대소와 강약의 힘의 논리가 여기서는 '어진 정치仁政'로 치환된다.

맹자는 왕이 인정을 베풀면 자연히 추종하는 세력이 늘어나고 지지 세력이 늘어나면 난립한 여러 나라도 자연스럽게 어진 통치자를 중심으로 재편된다고 생각했다. 맹자가 살던 시대는 혼란의 전국시대였다. 즉 오늘의 동지가 내일의 적이 되고 전쟁과 약탈이 자행되는 세상에서 '어진 정치'는 한가하기 짝이 없는 소리로 들릴 법했다. 설득력을 얻기 힘들었기 때문에 맹자의 의견을 받아들인 왕이 없었던 것이다. 당장 생사가 결판나는 전쟁을 치러야 하는데, 어진 정치란 평화의 시대에나 시도해볼 수 있는 장기적인 프로젝트로 보였기 때문이다. 반면에 강력한 법치와 부국강병을 주장했던 법가法家와 병가兵家의 사상은 환영을 받았다. 그렇다면 맹자는 혼란의 시대에 홀로 뜬구름 잡는 이론을 들이댄, 시대를 읽지 못한 몽상가였을까.

: 맹자는 이상주의자인가 :

맹자의 어진 정치는 당시의 상황으로 보면 이상적이고 비현실적이라 할 수도 있다. 실제로 법가 사상을 기반으로 한 진秦이 결국은 천하를 통일했다. 그러나 진은 통일 이후 15년 만에 멸망했고, 뒤를 이은 한漢은 공자와 맹자의 사상을 토대로 한 유가儒家를 지배 이념으로 채택했고 300여 년간 장기 지속하였다. 이를 보면 맹자를 '현실을 무시한 이상주의자'라고만 할 수도 없다.

어진 정치란 무엇을 말하는가. '어질다'는 말이 착하다, 선하다, 인품이 뛰어나다 등의 개념과 뒤섞여 모호한 면이 있는데, 정치마저 모호하고 우유부단하게 하라는 말이 아니다. 어질다는 것은 왕이 백성을 보는 태도를 가리키는 표현이다. 왕은 백성을 착취나 동원의 대상으로만 봐서는 안 된다. 백성이 없으면 나라도 없다는 생각을 해야 한다. 이런 태도가 먼저 정립되면 구체적인 정책들이 나온다. 세금과 부역을 과도하게 하지 않고, 촘촘한 법률로 백성을 피곤하게 하지 않고, 선한 사람들이 피해를 입지 않도록 중요한 원칙을 제시한다는 등, 사실 예나 지금이나 국가 운영의 철칙은 크게 다르지 않다. 백성의 입장을 제대로 생각하지 않아서 국가의 위기가 생기는 것이다. 이런 기본적인 원리만 깨지 않는다면 저절로 백성 수가 늘어나고 영토가 확장되어 강국이 될 수 있다.

＊＊＊

전국시대의 혼란한 상황은 현재의 국제사회와 크게 다르지 않다. 경제와 외교에서 보이지 않는 전쟁은 매일매일 일어나고 있다. 천하무적의 개념을 국가 차원이 아니라 개인적 차원에서 보면 어떤가. 우리는 경쟁 사회에서 살아남기 위해서 강해져야 한다고 배웠고 그렇게 살고 있다. 강자가 되기 위한 방법을 알기 위해서 수많은 지침서와 매뉴얼의 홍수에서 허우적거린다. 각종 자기계발서와 부자 되는 법을 말하는 강연에 사람들이 몰리는 이유이기도 하다. 그러나 강자는 상대를 상정하고 약자를 제압해서 올라선 자리가 아니다. 상대에 비추었을 때 강한 것이 아니라 상대가 없이도 홀로 원래 견고한 사람, 이것이 진정한 천하무적이다.

맹자에 따르면 천하무적이 되기 위해서는 경제력, 군사력이 아닌 어진 정치를 해야 한다. 어진 정치는 눈에 보이지는 않지만 경제력이나 군사력보다 막강한 힘이 있다. 그래서 일종의 소프트 파워 개념에 가깝다. 사상과 제도와 문화의 소프트 파워 없이는 오늘날에도 강국이 되기는 어렵다. 맹자는 강대국이 되고 싶은데 어진 정치를 하지 않는 것을 뜨거운 것에 손을 데고도 찬물에 담그지 않는 것처럼 어리석은 짓이라고 했다.

어진 정치는 천하무적이 되기 위한 필요 조건이다. 해도 되고 안 해도 되는 것이 아니라, 반드시 가야 하는 길이다. 맹자가 강조한 어진 정치를 한낱 고대의 낡은 사상으로 치부해버리면 그저 옛날이야기에 그칠 뿐이다. 그러나 역사를 회고하고 오늘날에 비추어보면 우리에게 필요한 메시지를 발견할 수 있다. 혼란했던 전국시대에도 오래도록 국가를 이끌어갈 수 있었던 어진 정치의 힘을, 우리는 삶의 어느 부분에서 발휘할 수 있을까? 그 힘이 어떤 일과 상황에서 필요할지, 또 어떻게 길러야 할지 생각해보면 오늘날의 천하무적이 무엇인지 알 수 있을 것이다. 천하무적이 되고 싶다면 어진 정치, 즉 소프트 파워를 갖춘 내면의 강자가 되어보자.

• 오늘의 고사성어

천하무적	天下無敵

天 下 無 敵

현재 뜻	세상에 적수가 없을 정도로 힘이 세다

본래 뜻	백성을 생각하는 어진 정치가 가장 위대하다

- 傍若無人

- 一舉手一投足

- 肝膽相照

- 門前成市

- 一網打盡

간담상조 肝膽相照

간과 쓸개까지 내보일 수 있는 친한 사이

간과 쓸개까지 내보여야만 하는 거짓 우정

'간담이 서늘하다.'

'간이 작다, 간이 크다.'

'간도 쓸개도 다 내어줄 듯이 굴다.'

오장육부 중에서도 간과 쓸개가 들어간 표현들이 있다. 사람의 담력이나 배포를 나타내기도 하고, 중요한 장기인 만큼 모든 것을 다 내준다는 뜻으로도 쓴다. 거기다가 〈별주부전〉에서 토끼가 간을 육지에 두고 왔다는 앙큼한 말로 용왕을 감쪽같이 속인 것까지 더해보면 간과 쓸개의 의미가 더 재미있게 느껴진다.

고사성어에는 우정을 나타내는 것들이 많다. 중국 역사에는 세상이 칭송하는 진정한 우정을 나눈 인물들도 많았고 거기서 유래한 표현도 꽤 있다 보니 그렇다. 지음知音, 지기知己, 관포지교管鮑之交, 문경지교刎頸之交, 막역지우莫逆之友 등 한번쯤 들어보았음 직한 말들이 모두 참된 우정을 뜻한다. 간담상조도 그중 하나이다. 간담상조는 간肝과 쓸개膽가 서로 비춘다相照는 뜻으로 간과 쓸개까지 내보일 정도로 속마음을 털어놓고 친하게 사귄다는 말이다. 그러나 간담상조의 애초의 뜻은 지금과는 정반대였다.

유우석劉禹錫(772~842)이라는 인물이 있었다. 그는 당대唐代의 문인이자 관리였는데 정치적인 일로 좌천을 당하게 되었다. 좌천 가야 할 곳은 파주播州였다. 파주는 현재의 귀주성貴州省에 있는 곳으로 중국 서남부의 외진 곳인데, 지금으로부터 천 년도 더 전의 귀주성이란 그야말로 오지 중의 오지, 험지 중의 험지였다. 그러나 아무리 멀고 험한 땅이라 한들 황제의 명을 받은 관리라면 임지(근무지)로 가야만 했다. 유우석은 당시 여든이 넘는 노모를 모시고 있었는데 어머니를 홀로 남겨두고 가자니 걱정이었고, 어머니를 모시고 가자니 길고 험난한 길에 오를 엄두가 나지 않았다. 부임지로 떠나라는 나라의 명과 어머니 부양 사이에서 이러지도 저러지도 못한 채 고민에 빠져 있었다.

그리고 유종원柳宗元(773~819)이라는 인물이 있었다. 그 역시 당대의 문인이자 관리였고 유우석의 친구였다. 유종원과 유우석은 젊은 시절부터 '동년同年'이었다. 동년이란 같은 해에 과거에 합격한 동기생들을 부르는 말이다. 동년 관계가 되면 같은 해에 합격했다는 공통점이 있기에 이후의 관직 생활에서 사회 관계를 지속하기 위한 중요한 역할을 주고받는 것이 일반적이었다. 그래서 동년들끼리는 대체로 우호적인 관계가 되는데, 유우석과 유종원은 이런 공적인 관계를 넘어서 사적으로도 상당히 친밀했다.

이들이 단순한 입사 동기를 넘어 평생의 친구가 된 데에는 계기가 있었다. 과거에 합격한 직후에 청년이었던 두 사람은 영정혁신永貞革新이라는 정치 혁명에 주도적으로 가담했다. 패기 있는 신입이었던 둘은 혁신에 참가해서 새바람을 일으키고자 했지만, 혁신은 실패했고 이 일로 인해 십수 년 동안 중앙정부에서 멀리 떨어진 곳으로 좌천되는 정치적 고초를 겪었다. 예나 지금이나 관직이 고위급이 될수록 권력자에게 가까이 갈 수 있었고, 권력자로부터 먼 곳에 있을수록 직급은 낮아지고 보잘것없는 신세가 되었다. 권력과의 물리적인 거리가 곧 힘의 크기를 나타낸다. 권력의 측근側近이라는 말에서도 알 수 있듯이 힘이 미치는 범위 안에 있어야 가까운 관계를 맺을 수 있다. 그러니 수도인 장안長安

에서 까마득히 먼 귀주로 발령이 났다는 것 자체가 관직 생활이 순탄치 않았음을 뜻한다. 젊은 시절에 만나서 정치적인 뜻을 같이했고 어려움도 함께 겪다 보니 두 사람의 우정은 자연스럽게 깊어졌다. 그리고 그들의 나이도 어느덧 중년이 되었다.

: 발령지 교환을 요구하다 :

유우석이 어머니 문제로 답을 찾지 못하고 있을 때, 유종원도 유주柳州(현재 광서성廣西省)로 좌천을 당했다. 그리고 친구가 부임지 때문에 이러지도 저러지도 못하고 있다는 것을 알게 되었다. 그는 친구에게 도움이 되고자 여러 차례 상소를 올려서 자신과 유우석의 임지를 바꿔줄 것을 요청했다. 자신의 임지인 광서성이 그나마 귀주성보다는 오고가기에 낫다고 판단했기 때문이다. 임지를 맞바꿔달라는 요구가 흔한 일도 아니었고, 더구나 정치 혁신을 시도했다가 좌천된 신하의 요구라니, 쉽게 수락될 리가 만무했다. 이런 사실을 잘 알고 있었음에도 유종원은 황명을 거역함을 감수하고서라도 죄를 기꺼이 받을 각오로 상소를 올렸다.

유종원의 상소는 결국 수락되지 않았다. 친구를 위한 그의 노력은 과연 헛된 것이었을까? 그렇지 않다. 이런 정황을 모두 알게 된 다른 친구의 도움으로 나중에 유우석은 귀주성이 아닌 연주連 州(현재 광동성廣東省)로 임지가 바뀌었다. 유종원의 상소가 즉각적인 힘을 발휘하지는 못했지만, 결국 상소 덕분에 유우석은 귀주행을 면하게 되었다. 그리고 정작 상소를 올렸던 유종원은 변동 없이 예정지인 유주로 갔고 그곳에서 생을 마쳤다.

: 곤경에 처하면 진위가 드러난다 :

두 사람과 친구였던 대문호 한유韓愈(768~824)는 유종원이 죽자 그의 묘지명을 썼다. 묘지명에는 일반적으로 고인의 일생과 성 품, 기릴 만한 사건을 쓰는데, 한유는 발령지를 바꾸려 노력했던 일을 예시로 들면서 유종원의 사람됨을 기록했다.

선비는 곤경에 처했을 때 절개와 의리가 드러난다.

요즘 사람들은 평소에는 같이 지내고 서로 그리워도 하고

즐거워도 하며,

술자리나 연회를 마련해서 서로를 초대하곤 한다.

농담과 억지 웃음을 해가며 서로 양보도 한다.

손을 마주잡고 폐와 간을 서로 보여주며,

하늘의 해를 가리키며 눈물 흘리면서 살아서도 죽어서도 배

반하지 말자며 마치 진실인 듯 맹세한다.

하지만 일단 작은 이해관계 앞에서는 털끝만 한 이익까지

따져가며, 눈을 돌려 모르는 사이인 척한다.

함정에 빠지면 손을 뻗어 구해주기는커녕 반대로 구덩이로

밀어 넣고 돌까지 던진다.

모두가 이렇다.

이는 짐승이나 오랑캐도 차마 하지 않는 일이거늘 그들은

당연하다고 생각한다.

그들이 유종원의 일화를 듣는다면 조금이나마 부끄러워할

것이다. **14**

한유는 유종원의 참된 우정을 모범 사례로 들어 당시의 거짓

된 인간관계에 일갈을 던졌다. 유종원의 우정과 의리도 생각할수

록 감탄스럽고, 한유가 쓴 묘지명도 읽을수록 명문이다. 글에서

나열한 술자리, 연회, 거짓 웃음, 헛된 맹세, 값싼 이해관계는 함

정에 빠진 사람에게 돌을 던지는 것과 같고, 처참한 수준을 덮는

가림막에 불과하므로 시끌하고 떠들썩할 수밖에 없다. 그래서 거짓의 모습은 항상 요란하다. 그 요란함을 벗겨내야 민낯이 드러나는데, 민낯을 밝히는 것이 바로 곤경과 고난이다.

우정이라는 허울 아래 이익과 술수가 난무하는 것은 예나 지금이나 한결같다. 1,200년 전의 위 문장이 지금의 우리 사회를 거울처럼 비추는 것은 세상은 변해도 인간의 얄팍한 속성은 변하지 않기 때문일 것이다. 거짓 우정은 이렇듯 겉과 속이 다르다. 그러니 간과 쓸개를 꺼내 보이는 과장과 자극이라도 있어야 간신히 믿을까 말까 하는 관계를 속일 수 있는 것이다. 간과 쓸개를 꺼내어 보인다는 말은 원래 이런 거짓된 인간관계를 향한 신랄한 비판이었다.

: 믿음 없는 관계에는 허세만 가득하다 :

《장자》에 이런 구절이 있다.

> 군자의 사귐은 담백하기가 물과 같고,
> 소인의 사귐은 달콤하기가 단 술과 같다.

군자는 담백함으로 친해지고,

소인은 달콤함으로 절연한다.[15]

장자가 본 군자의 우정은 담백하다. 앞서 본 묘지명에서 한유가 비판했던 거짓 우정은 달콤하고 자극적인 소인들의 사귐이니, 한유와 장자는 결국 같은 얘기를 한 것이다. 반면에 군자의 사귐은 물 흐르듯 자연스럽고 억지가 없기에 그저 담담하고 고요하며 심지어 심심한 듯하다. 물과 물이 서로 침투하여 섞여도 어색하지 않게 하나가 된다. 군자의 사귐을 물에 비유한 것은 물의 속성이 우정의 본질과 닮았기 때문이다. 게다가 물에는 나를 비추어 볼 수 있다. 친구에게서 자신의 모습을 본다는 말에 들어맞는다.

진정한 친구 관계는 생각해보면 좀 특이하다. 무조건적인 관심과 애정이 전제되는 혈연이나 가족관계도 아니고, 잘난 모습만 선택적으로 보여주는 이해관계도 아니다. 피도 섞이지 않았으며 그렇다고 이익이나 보상을 바라는 사이도 아니다. 장점도 허물도 잘 아는 친구는 그래서 인간의 사회성이 만들어낸 인간관계의 최상위 레벨이라 할 수 있다.

: 참된 우정은 가장 높은 단계의 인간관계다 :

유우석은 부임지를 바꿔달라고 친구에게 말한 적이 없지만, 유종
원은 친구의 성품과 집안 상황을 잘 알고 있었기 때문에 먼저 자
청해서 상소를 올렸다. 진정한 우정은 겉과 속이 언제나 같다. 아
니 겉과 속을 나눌 필요조차 없다. 구구절절 말하지 않아도 친구
의 사정을 알고, 화려한 언사나 꾸밈이 없어도 견고한 사이를 유
지할 수 있으므로 간이니 쓸개니 들출 이유가 없다.

　요즘은 소통의 시대이고 표현의 시대다. 말이나 사진이나 영
상이나 수단을 가리지 않고 표현하고 드러낸다. 표현하고 드러내
는 만큼 소통이 잘되고 교류가 원활해야 할 텐데 현실도 정말 그
런지는 의문이다. 그런데 말하지 않아도 통하는 사이도 있다. 말
하지 않는데 어찌 알 수 있느냐고 하겠지만 굳이 말하지 않아도
서로를 잘 알았던 대표적인 예가 관중管仲과 포숙鮑叔이다.

　두 사람은 어려서부터 친구였다. 성인이 된 후 관중은 포숙과
같이 장사를 하고도 수익을 더 많이 가져갔고, 포숙에게 도움이
될 거라며 벌였던 일 때문에 친구를 오히려 곤경에 빠뜨렸고, 관
직에 세 번 나갔지만 세 번 모두 주군에게서 쫓겨났고, 전쟁에 세
번 출정했다가 세 번 모두 도망쳤다. 이렇게 치졸하고 비열한 행

동을 했음에도 관중은 그 이유를 포숙에게 설명하지 않았다. 포숙 역시 왜 그런 짓을 했는지 묻지 않았다. 싸움을 했어도 심하게 했을 일이었고, 절교를 했어도 여러 번 했을 일이었지만, 둘 사이에는 시시콜콜하게 묻고 변명하는 일 자체가 아예 없었다. 포숙은 관중이 그럴 수밖에 없었던 사정을 익히 알고 있었기 때문이다. 어떤 비난도 추궁도 일절 하지 않았다. 훗날 관중이 자신의 이런 이기적이고 부끄러운 행동에도 너그러웠던 포숙을 회상하면서 이렇게 말했다.

내가 같이 장사하고 낸 수익을 더 많이 가져갔을 때 포숙이 나를 탐욕스럽다 여기지 않은 것은 우리 집이 가난한 것을 알았기 때문이다.

내가 포숙을 위해서 했던 일로 인해서 그가 더욱 난처하게 되었을 때 포숙이 나를 어리석다 여기지 않은 것은 아직 시기가 무르익지 않았음을 알았기 때문이다.

내가 군주에게 쫓겨났을 때 포숙이 나를 어리석다 여기지 않은 것은 내가 아직 때를 만나지 못했다고 생각했기 때문이다.

내가 전쟁에서 도망쳤을 때 포숙이 나를 비겁하다 여기지

않은 것은 내게 노모가 계신 것을 알았기 때문이다. …

나를 낳아준 것은 부모나, 나를 알아준 것은 포숙이다.**16**

구구한 변명도 공허한 칭찬도 필요 없는 이런 이상적인 관계는 서로의 처지를 잘 아는 데서 비롯된다. 누군가의 현재를 신뢰한다는 것은 그의 과거 이력을 알아야 가능하다. '나를 낳아준 것은 부모나, 나를 알아준 것은 포숙이다'라는 관중의 명언은 포숙에게 보내는 최고의 찬사다. 낳고 길러준 부모에게도 털어놓지 못할 사정은 있기 마련이고, 가족끼리도 속속들이 다 알 수 없는 노릇이다. 그래서 그 사이 어디쯤인가에서 필요한 존재가 친구이다. 관중과 포숙은 참된 우정을 보여줬지만, 모든 인간관계를 이렇게 맺을 수도 없고 그럴 필요도 없다. 가면을 쓴 거짓 관계라면 오히려 친구 따위는 없는 것이 나을 수도 있지만, 만일 단 한 명이라도 지음이 있다면 참으로 복 받은 인생이다. 세상사는 어려움에 닥쳤을 때 진위가 가려진다. 이 관계가 진짜인지 가짜인지는 곤경 가운데서 여실히 드러난다. 관중과 포숙에게도 어려움이 있었지만 둘은 굳건한 신뢰와 지지를 통해 오해 없이 서로에게 '나를 알아주는' 친구가 되었다.

유종원은 죽기 전에 자신이 쓴 글의 모든 원고를 유우석에게 남기며 문집으로 엮어줄 것을 부탁했다. 유우석은 유종원의 문집을 엮고 서문도 썼으며 유종원의 어린 네 자녀를 성인이 될 때까지 돌보았다. 그리고 한유는 이 둘의 깊은 우정을 묘지명에 남기며 오늘날의 껍데기뿐인 거짓 우정을 비판했다. 이렇듯 간담상조는 원래 '간과 쓸개까지 내보여야 믿을 수 있는' 거짓 우정을 꼬집은 표현이었지만, 지금은 '간과 쓸개까지 보여줄 수 있는 속 깊은 사이'를 나타내는 표현으로 쓰인다. 오늘날 우리가 맺는 인간관계 속에서 우정의 의미는 전자와 후자 중 어디에 더 가까울까?

• 오늘의 고사성어

간담상조	肝膽相照

肝膽相照

현재 뜻	간과 쓸개까지 내보일 수 있는 친한 사이

본래 뜻	간과 쓸개까지 내보여야만 하는 거짓 우정

문전성시

門前成市

집 앞이 사람들로 북적인다

비판을 받아들일 줄 알아야 더 많은 사람을 모은다

요즘 맛집으로 소문난 가게 앞에는 많은 사람들로 장사진을 이룬다. 어떻게 소문이 난 건지 늘어선 줄은 줄어들 기미가 없고 시간이 지나도 사람들로 북적인다. 멀리서 찾아오는 사람들도 그 많은 손님들을 대하는 주인도 대단해 보인다. 외진 동네의 작은 가게일지라도 이름난 집 앞은 늘 시끌시끌 사람들로 붐빈다.

문전성시란 대문 앞이 시장을 연상케 할 만큼 찾아오는 사람들로 북적인다는 뜻이다. 한국에서는 문전성시라 하고, 중국에서는 문정약시門庭若市라고 하는데, 대문門과 마당庭이 마치 시장처럼若市 사람들로 붐빈다는 뜻은 똑같다. 찾아오는 사람이 많다는 것은 이미 그 사람의 이름이 널리 알려졌고, 그를 필요로 하는 사람이 많다는 뜻이므로 문전성시는 성공의 다른 이름이기도 하다. 사람들을 집 앞으로 몰려들게 하는 것도 능력이다. 이런 능력은 어디서 오는가.

***

잘생긴 남성이 한 명 있었다. 그는 제齊나라의 추기鄒忌라는 미남이었다. 추기는 이미 미모로 충분히 이름이 났음에도 불구하고 당시의 또 다른 미남이었던 서공徐公과 자신 중 누가 더 잘생겼는지 궁금해했다. 그래서 아내와 첩과 친구에게 서공과 자신 중에 누가 더 미남인지 물었는데, 세 사람 모두 추기가 더 미남이라고 답했다. 사실 너무나도 예상 가능한 대답이었다. 가까운 사람들에게 이런 질문을 해본들 돌아오는 답은 정해져 있다는 것쯤은 추기도 알았을 것이다.

그래서인지 이들의 대답에 만족하지 못한 추기는 직접 확인하고자 서공을 만나러 갔다. 서공을 만나서 그의 얼굴을 자세히 들여다본 후에 집에 돌아와 거울을 보니, 그의 눈에는 서공이 훨씬 잘생겨 보였다. 추기는 이미 나라에서 손꼽히는 미남임에도 남과 미모를 견주어보고 자신이 모자라다고 느낀 것이다. 이런 마음 상태에서는 '미에는 절대적인 기준이 없다'라든가 '아름다움은 각자의 매력에서 나온다'는 말 따위는 전혀 귀에 들어오지 않게 된다. 그러자 곧 추기는 세 사람의 칭찬에 대해 의심이 들기 시작했다.

: 미남의 외모 경쟁심에서 비롯된 상황 판단 :

추기는 아내와 첩과 친구가 모두 자신을 더 잘생겼다고 답한 이유에 대해 곰곰이 생각해보고 결론을 내렸다.

> 아내는 나를 사랑하기 때문에,
> 첩은 나를 두려워하기 때문에,
> 친구는 내게 부탁할 것이 있었기 때문에,
> 내게 아부를 한 것이다. [17]

추기는 세 사람 모두 각자의 목적이 있었기 때문에 진실이 아닌 아부를 했다고 판단했다. 그러다 한 집안에서조차 이런 일이 생기는데, 한 나라에는 이런 일이 얼마나 많을지에 대해서까지 생각이 미쳤다. 그래서 그는 즉시 당시의 왕인 위왕威王을 찾아가서 자신의 경험을 얘기했고, 입에 발린 칭찬보다는 뼈아픈 충고와 비판, 간언이 가치 있으니 나라 운영에 이를 적극 활용해야 한다고 역설했다. 이쯤 되면 추기가 단순히 겉모습만 미남이 아니라 어떤 사건의 이치를 다른 일로 확장해서 적용할 수 있는 현명함과 추진력까지 갖춘 진짜 멋있는 남성임을 알 수 있다.

위왕 역시 추기의 뜻을 흔쾌히 받아들여 정책에 반영했을 뿐 아니라 왕령을 내렸다.

> 내게 직접 간언하는 자에게 상등의 상을,
>
> 상소를 올려 간언하는 자에게 중등의 상을,
>
> 거리에서 나를 비판하여 내 귀에 들리게 하는 자에게는
>
> 하등의 상을 내리겠다. [18]

왕령이 발표되자 왕궁의 문門과 마당庭은 간언을 하러 온 사람들로 저잣거리처럼若市 가득 찼고, 상소도 물밀듯이 올라왔다. 위왕은 합당한 의견은 받아들여 정책에 반영했을 뿐 아니라 정치를 개혁했고 결국은 제나라를 강성하게 만들었다. 왕령 선포 약 1년 후에는 더 이상 비판하는 자가 없을 정도로 민간의 의견이

대부분 반영되었다.

: 쓴소리를 듣기는 의외로 어렵다 :

문전성시는 외모 경쟁심이 강했던 남성에게서 시작되었지만, 그 결과는 의외의 성과를 가져왔다. 추기와 위왕의 이야기는 아부를 멀리하고 비판과 간언을 기꺼이 받아들였을 때의 힘, 즉 언로言路를 열고 소통할 때의 긍정적 결과를 보여준다. 그러나 현실 생활에서 소통은 말처럼 쉽지 않다. 수평적 관계에서조차 소통은 의외의 장벽에 부딪치며, 사소한 비판을 받아들이는 것도 막상 해보면 간단치가 않다. 하물며 수직 관계에서 윗자리에 있는 사람이, 더구나 봉건 사회의 왕이 자발적으로 귀를 연다는 것은 더욱쉽지 않다. 그래서 상급자의 면전에서 옳은 소리를 하려면 예나 지금이나 상당한 용기가 필요하다. 간언 한번 했다가 목숨을 잃은 역사의 사례는 수없이 많다. 그러므로 위왕도 직접 간언하는 자에게 가장 높은 상등의 상을 내린 것이다.

추기는 자신을 최고 미남이라 치켜세우기만 한 가족과 친구들의 말에서 아첨과 간언을 구별해냈고, 위왕은 밀물처럼 몰려오는 간언을 기꺼이 받아들여 강한 나라를 만들었다. 모든 지도자가 위왕이나 추기 같지 않은 것은 당연하다. 문 앞에 구름처럼 늘어선 사람들이 죄다 비판과 충고의 말을 쏟아내도 귀 기울여 들으려면, 듣는 사람에게 넓은 도량과 강한 의지가 있어야 한다. 사람들을 집 앞으로 몰려들게 하는 능력은 여기에 있었다. 동서고금을 막론하고 이런 능력을 갖춘 자는 극히 드물었기에 추기와 위왕이 역사에 이름을 남기게 된 것이다.

: 아첨과 간언을 판별하는 능력 :

문전성시의 원래의 뜻은 '비판과 충고에 귀 기울이는 지도자의 소통 능력'이다. 그런데 이 뜻과 달리, 문전성시와 관련한 다른 기록도 있다.

한의 애제哀帝는 우매한 지도자라고 평가받는다. 외척이 정치를 농단하는 와중에도 미소년과 쾌락에 빠져 국사를 외면한 대표적인 혼군昏君이었고, 한 말기의 혼란을 초래한 지도자로 꼽힌다. 그런데 다행인지 불행인지 어리석은 애제에게도 충정을 다하는 신하가 있었으니, 바로 명문가 출신으로 왕실과 인척 관계에 있

던 정숭鄭崇이라는 인물이었다. 정숭은 애제에게 충정을 다해 간
언을 했다.

그러나 정숭이 수차례 간언을 해도 애제는 듣지 않았고, 아첨
에 능한 조창趙昌을 가까이 했다. 충간忠姦을 분별하지 못한 것인
데, 중국 역사에서 왕조의 비극은 대략 이 지점에서 시작한다. 애
제가 우매하다는 평가를 받는 데에는 나름의 이유가 있는 것이
다. 평소 정숭의 강직함과 인품을 시기했던 조창은 지금이 정숭
을 제거할 적기라 판단하고 애제에게 말했다.

"정숭이 궁 밖의 왕실 종친들과 자주 왕래하며 뭔가 일을 꾸
미고 있는 것 같으니 조사를 해보십시오." **19**

이 말로 애제에게 의심의 주머니를 던져놓았다. 애제는 정숭
이 왕실의 친척이므로 마음만 먹으면 귀족들의 세력을 규합할 수
있었고 충직한 성품으로 이름이 높았으니 그가 많은 사람과 왕래
한다는 것 자체가 자신을 향한 위협이라고 생각했다. 그러니 그
대로 두고 볼 수가 없었고, 정숭을 불러 문책했다.

"그대의 집에 시장처럼 많은 사람들이 모여든다는데, 그들

과 모의하여 나를 해하려 하는가?"

"아닙니다. 신의 집 대문 앞이 시장 같을지라도, 신의 마음
은 물과 같습니다. 부디 생각을 바꿔주십시오"**20**

정승이 자신의 마음이 물과 같다고 한 것은, 투명한 물처럼
보이는 그대로일 뿐 다른 뜻은 전혀 없음을 빗대어 표현한 것이
다. 그리고 집 앞이 아무리 시장처럼 시끌벅적하다 해도 자신의
마음은 흔들림 없이 고요하고 잔잔한 맑은 물처럼 한결같다는 뜻
이기도 하다. 그러나 애제는 이 말을 믿지 않고 정승을 하옥시켰
고 결국 정승은 옥사했다. 충신의 간언을 의심하는 어리석은 왕
의 대응, 그 전형이었다.

세력이 커지는 신하와
그를 바라보는 불안한 군주

정승은 충심을 다했지만 죽임을 당했다. 정승에게 문전성시란 죽
음을 초래한 발단이 되고 말았다. 많은 사람들이 정승을 찾아오
지 않았다면 왕이 그를 죽였을까. 정승의 집 앞이 문전성시였던

것은 그가 훌륭한 인격자였기 때문인데, 애제는 그가 세력을 형성하여 자신을 위협할까 두려워서 진위도 파악하지 않은 채 그저 조창의 말만 믿고 결정을 내렸다.

애제의 입장에서도 현명한 판단은 어려웠을 것이다. 정승의 말과 자신의 눈에 비친 그의 모습은 달랐기 때문이다. 정승은 깨끗한 물과 같은 진심을 부르짖었지만, 막상 정승을 향해 사람들이 몰려들었을 때 의심의 싹은 피어났다. 정승의 본심이 무엇인지, 그리고 그것이 애제 자신에게 해가 될지 이익이 될지 판단해야 했다. 정승은 물과 같은 마음을 증명하기 위해서 찾아오는 사람들을 다 물리쳐야 했을까. 그렇다면 애제는 정승의 말을 믿었을까. 정승을 모함한 것은 조창이었다. 애제가 조창을 멀리하지 않는 한 정승이 무슨 행동을 했든 모함은 계속되지 않았을까.

그리고 정승의 입장에서 보면 문전성시는 독이다. 애제를 각성시키고 나라에 보탬이 되려 했던 선의는 묵살되고 오해를 받았으니 말이다. 정승의 이야기는 아무리 찾아오는 사람이 많다 한들 최고 권력자의 시기를 받으면 결말은 죽음뿐이라는 것을 보여준다. 아무리 주변에 사람이 많아도, 마음을 잘 다스려봐도 권력자의 미움을 사면 죽음을 당한다. 이 경우 문전성시는 결코 좋은 것이 아니다.

： 문전성시는 양날의 검 ：

나를 찾아오는 사람들이 많아지면 어떤 일이 벌어질지 이 두 사
례를 통해서 예상해볼 수 있다. 요즘은 마음만 먹으면 얼마든지
자신을 세상 밖으로 드러낼 수 있는 시대이다. 이름이 알려지고
유명해지면 감당해야 할 것들이 부수적으로 따라온다. 시기와 질
투는 덤이고, SNS 세상에는 수많은 댓글과 의견이 넘쳐난다. 거
기에는 그야말로 인신공격이나 감정의 배출 그 이상도 이하도 아
닌, 대꾸할 가치도 없는 말들부터 애정 어린 비판과 대중추수적
인 칭찬의 말들까지 마구 뒤섞여 있다. 얼굴 없는 말들은 검의 양
날이 되어 사람을 죽이기도 하고 살리기도 한다. 그럼에도 누군
가는 구독자 수나 조회 수에 집착해서 그 의도가 무엇이든 그저
많은 사람들이 나를 찾아봐주기를 원한다. 이 상황이 마치 오늘
날의 문전성시 같다.

　　나를 찾아오는 사람들이 길게 늘어선 것을 다른 말로 해보면
일종의 줄세우기가 된다. 우리는 줄세우기를 부정적으로 보는 경
우가 많다. 몰려든 사람들로 세력을 만들고 카르텔을 형성하고,
나머지 사람들은 배제한 채 그 힘으로 이권을 나누어 소수의 배
만 불리는 것을 많이 봐왔기 때문이다. 그러나 한편으로 어떤 일

"아첨을 들을 것인가,
비판을 들을 것인가"

은 사람이 좀 모여야 진행할 수 있기 때문에, 사람이 모여드는 것 자체에 거부 반응을 보일 필요는 없다. 관건은 모여든 사람들의 힘, 즉 결집된 집단의 힘으로 무엇을 하는가다. 여러 사람이 모였을 때의 힘 자체가 나쁜 것이 아니다. 그 힘을 어떻게 쓰는지가 삶의 많은 것을 좌우한다.

* * *

두 이야기는 상반된 결과를 보여준다. 신하의 문전성시에 불안해했던 애제에게서 앞서 본 위왕과 같은 대응을 기대하는 것은 애초에 불가능한 일이었다. 추기는 가까운 세 사람의 미모 칭찬도 실상은 아첨이라고 여겼고, 애제는 아첨과 충언도 분별하지 못했다. 위왕은 소통하고자 하는 의지로 문전성시를 이루었고 강성한 나라를 이루었다. 애제는 신하의 주변에 사람이 몰려드는 것을 보고 자신을 해할까 두려워 충신을 감옥에 가두고 말았다. 추기와 위왕은 문전성시의 긍정적 효과를, 애제와 정승은 역효과를 보여준다.

문전성시가 약이 될지 독이 될지는 온전히 힘을 가진 자의 의도에 달려 있다. 결국 판단은 듣는 사람이 하는 것이다. 그렇다면 수많은 말과 의견이 쏟아지는 오늘날, 우리는 어떤 기준으로 판단하고 받아들여야 할까? 무엇이 진실이고 거짓인지 분별하기 어려운 말들 사이에서 어떻게 판단해야 모두에게 긍정적인 결과를 가져다줄지 곰곰이 생각해봐야 할 것이다.

문전성시	門前成市

門 前 成 市

현재 뜻	집 앞이 사람들로 북적인다

본래 뜻	비판을 받아들일 줄 알아야 더 많은 사람을 모은다

방약무인

傍若無人

곁에 사람이 없는 것처럼 함부로 말하고 행동하다

이성의 통제를 뛰어넘는 예술적 교감의 순간

주위에 아무도 없는 듯이 행동하는 사람들이 간혹 있다. 다른 사람을 의식하지 않는 언행이 대담하고 자유로워 보이기도 하고, 그래도 한데 어울려 사는 사회인데 관행이나 약속을 가뿐하게 무시하는 것에 눈살이 찌푸려지기도 한다. 자기만 있는 듯 주변을 개의치 않는 것을 방약무인傍若無人이라고 한다.

방약무인은 곁에 사람이 없는 것처럼 아무 거리낌 없이 함부로 말하고 행동하는 태도를 말한다. 마치 혼자 있는 듯한 언행으로 인해 남의 눈치를 안 보고 다소 거칠어질 수도 있기 때문인지 흔히 안하무인眼下無人과 비슷한 의미로서 쓰인다. 그러나 안하무인은 눈 아래에 사람이 없다는 뜻으로, 방자하고 교만하여 다른 사람을 업신여긴다는 말이다. 따라서 방약무인과는 뜻이 구별된다. 안하무인은 말 그대로 주변을 무시하는 오만불손한 태도이고, 방약무인은 그 말의 유래부터 안하무인과는 다르다.

방약무인이라는 성어의 유래에는 두 명의 인물이 등장하는데, 형가荊軻와 고점리高漸離이다. 형가는 중국 최초의 통일 황제인 진시황이 아직 진왕秦王이던 시절에 그의 암살을 시도했던 많은 자객들 가운데 한 명이었다. 당시 진왕을 암살하려던 자객이 여럿 있었지만, 진왕에게 가장 가까이 접근했으며 역사서에 이름을 남긴 유일한 자객이 형가다. 형가의 일대기와 암살의 과정 및 진과 주변국의 정황은 《사기史記》의 〈자객열전刺客列傳〉에 기록되어 있고, 방약무인이라는 표현도 이 책에 나온다.

형가는 자객이었다. 자객이란 살인청부업자라고도 할 수 있고 사회 정의를 구현하는 의협義俠이라고도 할 수 있다. 자객을 부르는 명칭도 시대에 따라서 협객俠客, 의협義俠, 관협官俠 등 여러 개였고, 그들을 보는 사회적 시선 역시 다양했다. 형가도 진왕 암살 계획에 동참하기 전에는 그저 거리의 검객 중 하나였다. 진왕 암살을 계획하고 이를 실행할 실력과 배포를 갖춘 인물을 물색하던 연燕나라의 태자 단丹을 만나기 전까지는 말이다. 단을 만나기 전의 형가는 길거리에서 개 잡는 사람인 소위 개백정들과 대낮부터 술을 마시며 지내는 별 볼 일 없는 건달이었다.

： 협객과 악사의 만남 ：

고점리는 연나라의 악사였다. 고대 악기 중에 거문고와 비슷하게 생긴 축筑이라는 악기가 있었는데, 고점리는 축의 명수였다. 형가가 저잣거리에서 낮술 마시던 시절에 고점리를 알게 되었는데, 연주 솜씨가 워낙 뛰어나서 형가는 고점리와 점점 가까워졌고 자주 어울리면서 친구가 되었다. 술 좋아하는 검객과 최고 악사의 만남이니 풍류와 흥이 넘쳐났던 것은 당연하다. 하지만 기록에 의하면 둘은 좀 더 강렬한 감흥을 맛봤던 것 같다.

> 고점리가 축을 연주하자, 형가가 화답하여 시장 한가운데서 노래를 불렀다. 이렇게 흥이 올라 즐거워하다가 불현듯 둘이 얼싸안고 울기까지 했는데, 그 순간이 마치 주변에 다른 사람은 전혀 없는 듯했다.[21]

술에 취해 연주하고 화답하고, 여기까지는 흔히 볼 수 있는 술자리의 모습이다. 그런데 그 뒤에 두 사람은 왜 울었을까. 어떤 경지였기에 오직 둘만 있는 듯이, 주변을 전혀 의식하지 못한 것인가. 시장에는 오가는 사람이 많았고 상당히 소란스러웠을 텐데 전혀 의식하지 못할 정도란 무엇인가. 형가와 고점리는 흥이 충일하게 차오른 일순간에 어떤 교감을 경험했을까. 아마 평상시 우리가 감지할 수 있는 이성과 감정의 벽이 허물어지고 나와 너의 경계를 넘어서는 예술적 혹은 감정적 몰입이었을까. 무엇이 되었든 그 정점의 단계를 필설로 표현하기는 어려워 보인다.

이 장면은 술에 잔뜩 취해서 정신이 나간 그런 흔한 상태와는 확실히 다르다. 방약무인은 친구와의 신명나는 흥 한판이었다. 간혹 재즈 같은 즉흥 연주에서 연주자들이 약속 없이 합주를 시작했지만 음악이 진행될수록 점점 고조되면서 극강의 합에 이르러 끝나는 것을 볼 수 있다. 그 순간에는 청중인 나 역시 그들과 하나가 되는 것 같다. 이렇게 보자면 방약무인은 사회적 약속이나 규칙을 어기고 제멋대로 행동하는 방종의 차원과는 다른, 외부에서 들어온 예술적 자극이나 감흥이 내면의 무엇과 합일하는 경험을 뜻한다. 그것도 나 혼자가 아니라 곁에 있는 사람과 같이 하는 경험이다. 여러 가지가 맞아 떨어져야 가능한 일이다. 카타

르시스, 물아일체, 입신의 경지, 이것들 사이 어디쯤일 텐데 자주 겪을 수 있는 게 아니다. 평소에 이성과 교육으로 단단해져버린 정신과 마음을 좀 풀어놓아야 가능하기 때문이다.

: 암살 실패와 친구의 죽음 :

방약무인하여 손 맞잡고 울던 때는 형가가 진왕을 암살하러 가기 전이었다. 형가는 진왕 암살을 위해서 사신으로 위장하고 진나라로 향했지만, 성공 직전에 숨겨놓았던 비수가 드러나면서 도리어 진왕의 칼에 허벅지를 여덟 군데 찔린 후 결국 현장에서 죽임을 당했다. 암살은 실패했고 친구는 죽었다. 고점리는 슬픔에 빠졌다.

그 후에 진왕은 고점리가 축 연주의 대가라는 이야기를 듣고 그를 진나라로 불러들였다. 고점리는 이때 진왕 암살의 뜻을 품고 친구의 원수를 갚으려 했다. 그러나 역시 실패했다. 치밀한 계획을 세웠던 자객이 성공하지 못한 일을 악사가 성공하기란 쉽지 않았다. 분노한 진왕은 고점리의 재능이 아까워서 당장 죽이지는 않고 대신 고점리의 두 눈을 뽑아 앞을 보지 못하게 만들었다. 그렇지만 그 역시 죽음을 피할 순 없었다. 음악 한 곡으로 소통을 하고 감정을 나누었던 두 친구는 이렇게 모두 진왕의 손에 죽고 말았다. 진정한 지음의 상실이다.

: 방약무인에 필요한 것 :

이제 고사의 유래를 알았으니 방약무인과 안하무인 정도는 구분할 수 있을 것이다. 이제 형가와 고점리 같은 방약무인의 경험이 있었는지 자문해보자. 이성과 규율로 재단된 채 살아온 세월이 너무 오래된 탓인지 답이 선뜻 나오지 않을 것이다. 음악이든 감정이든 나를 벗어난 탈아脫我의 경험이 인생을 풍부하게 만드는 것은 분명하다. 그러려면 눌러왔던 감성을 일깨워야 한다. 인생이 너무 이성적이고 체계적인 것에 치우친 것은 아닌지 돌아봐야 한다. 우리가 감성과 비약과 무논리가 과도하게 통제된 채 살다 보니 '이성과 감성의 조화'라는 말이 무색할 정도로 이성이 일방적으로 압도하는 상태에 놓인 것은 아닐까.

형가와 고점리가 직접 보여준 방약무인의 경지를 경험해보고 싶다면 평소와는 다르게 접근해야 한다. 니코스 카잔차키스

Nikos Kazantzakis의 소설《그리스인 조르바》의 주인공 조르바가 했던 말이 있다. "사람이라면 누구나 약간의 광기가 필요하다." 여기서 광기란 디오니소스적인 순간이다. 이성으로 설명할 수 있는 아폴론적인 것이 아닌, 감성과 느낌을 따르다 보면 닿을 수 있는 다른 차원의 그 무엇이다. 방약무인에서 자유분방하고 괴짜 같은, 그러면서 자족하고 행복한 조르바가 자연스럽게 떠올랐다. 광기가 필요하다는 그의 말에 우리는 용기를 좀 내봐도 될 듯하다.

• 오늘의 고사성어

방약무인	傍若無人

傍若無人

현재 뜻	곁에 사람이 없는 것처럼 함부로 말하고 행동하다

본래 뜻	이성의 통제를 뛰어넘는 예술적 교감의 순간

일거수일투족

一擧手一投足

크고 작은 동작 하나하나

그대의 작은 손짓이 내 운명을 결정한다

일거수일투족이란 손 한 번 들어 올리고 발 한 걸음 옮긴다는 뜻으로, 크고 작은 동작 하나하나를 일컫는다. 흔히 손짓 하나 발걸음 하나처럼 사소한 행동을 철두철미하게 감시하거나 주시한다는 뜻으로 쓴다. 행동을 일일이 구속당해 옴짝달싹 못하는 압박감까지 느끼게 될 때 '나의 일거수일투족을 감시당했다'는 표현이 나온다. 그런데 이 표현은 타인에게 자신의 운명을 부탁해야 했던 대문호의 절박함에서 비롯되었다.

한유 韓愈(768~824)는 중국의 대표적인 문학가다. 한유가 쓴 문장의 매력은 뚜렷한 주제의식과 명쾌하고 쉬운 단어의 사용, 거침없고 시원스러운 필력에 있다. 이런 한유가 누군가에게 아쉬운 소리를 해야 했던 것은 당시의 과거제도 때문이었다.

당대에는 과거시험에 급제하려면 시험성적만큼 혹은 성적보다 더 중요한 것이 영향력 있는 사람의 추천이었다. 이런 추천을 받으려면 성품과 실력이 좋다는 주변의 평판도 있어야 했다. 객관적이어야 할 시험에서 주관적인 평판이나 추천은 최대한 배제해야 할 요소다. 그러나 당시에는 시험 당일의 실수로 실력 발휘를 못한 인재를 놓치거나 평상시 인품이나 실력이 좋지 않은 사람이 단지 한 번의 시험 성적만으로 합격하는 등의 현상을 막고, 실력과 인품을 겸비한 인재를 선발해야 한다는 취지가 강했다. 그래서 과거시험에도 성적과 추천이 모두 반영되었다.

평소의 인품이나 실력을 검증하는 과정이 바로 추천인을 구하고 그에게 인정을 받는 것이었다. 이를 위해서 평상시 준비해둔 시문 詩文을 힘 있는 사람에게 보내어 자신의 역량을 미리 확인받는 것이 관행이었고, 영향력 있는 자의 추천은 천군만마의 도움이 되었다. 따라서 과거 응시자라면 반드시 자신을 이끌어줄 사람을 구해야 했다. 당대의 과거제도는 기존의 관리 선발 방식이었던 추천의 형식이 여전히 남아 있었기 때문에 응시자들은 시험을 잘 봐야 하는 것은 물론이고 시험 보기 이전에 자신을 이끌어주고 추천해줄 힘 있는 사람을 찾아서 관계를 맺어야 합격의 가능성을 높일 수 있었다. 좋은 성적을 얻겠다고 방에 앉아서 책만 들여다봐서는 합격하기 어려웠다.

이처럼 추천과 시험의 성격을 모두 갖춘 것이 당대 과거제의 특징이었다. 이런 방식은 여러 가지 부작용도 낳았다. 기록에 의하면 시험 전에 황실 공주나 재상의 말 한마디로 합격이 결정되기도 했고, 몇 등으로 합격시킬지 등수까지 정해놓는 경우도 있었다. 과연 공정성이라는 게 있는지 의심이 드는 사례가 한둘이 아니다. 그러나 과거제는 당대에 처음 시행해서 20세기 초까지 지속되었던 지구상 가장 오래된 관료 선발 시험이었다. 제도의 단점은 있었지만, 이를 부단히 보완해가면서 과거시험은 1,300년 이상 유지되었다.

: 나를 이끌어줄 사람을 찾다 :

한유는 훗날 후진을 양성하고 이끌어준 문단의 거두가 되었지만,

그에게도 누군가의 추천이 필요한 청년 시절이 있었다. 그는 진사進士 시험에 세 번을 낙방하고 네 번째에 합격했다. 진사 시험은 관료 등용의 일종의 예비 시험에 해당했기 때문에 합격했다고 바로 관직에 임명되는 것이 아니었다. 진사가 된 후에도 관직을 위해서는 다시 박학홍사과博學鴻詞科라는 시험에 통과해야 했다. 한유는 이 시험에 네 번을 도전했다. 진사 합격 후에 바로 응시했지만 낙방했고, 두 번째 응시 전에는 합격 가능성을 높이기 위해서 추천인을 구하는 편지를 썼다. 당시 스물다섯 살이었던 한유는 이 편지에서 패기 있고 당당한 태도로 추천인에게 도움을 구했다.

천지 해변의 큰 강가에 괴물이 하나 있다고 합니다.

이 괴물은 평범한 물고기나 조개 부류와는 다릅니다.

물을 만나기만 하면 바람과 비를 일으킬 수 있는 이 괴물이

하늘로 오르내리는 것은 어렵지 않습니다. 그러나 괴물이

물을 만나지 못하면 한 척밖에 안 되는 좁은 곳에서 평범하

게 살아가야 합니다.

왜냐하면 높은 산이나 큰 언덕, 광활한 대지나 험준한 곳이

없어서 괴물을 보호할 수 없기 때문입니다.

또한 괴물은 아무리 곤궁에 처해도 스스로 물 있는 데로 갈 수가 없기 때문에 십중팔구 수달의 웃음거리가 되고 맙니다. 만일 힘 있는 자가 괴물이 곤궁에 처한 것을 안타깝게 여겨 물 있는 데로 옮겨놓아준다면, 그것은 손 한 번 들어 올리고 발 한 걸음 옮기는 정도의 수고에 지나지 않습니다. [22]

〈시험에 응하면서 시험관에게 보내는 편지應科目時與人書〉라는 글의 일부이다. 젊은 청년이었던 한유는 패기 있고 당당하게 도움을 요구했다. 이 글에서 한유가 원하는 것은 너무나도 명확하다. 한유는 자신을 능력 있는 괴물에 비유했다. 괴물이 하늘을 오르내리려면 물이 필요하고 물이 없으면 평범한 사람들의 웃음거리가 되어 말라 죽게 되니, 하늘로 오를 수 있게 나를 이끌어달라는 이야기다. 게다가 괴물의 생사를 가르는 결정적 도움이 당신처럼 힘 있는 사람에게는 그저 손 한 번 들어 올리고 발 한 걸음 옮기는 정도의 손쉬운 일이지 않겠느냐고 호소했다. 이 편지를 누구에게 건넨 것인지 그 대상자를 알 수는 없지만, 고위 관직자이거나 영향력이 막강한 인물이었을 것으로 추정된다. 편지 전체에서 한유는 일거수일투족이라는 표현을 두 번이나 쓰면서, 당신의 작은 수고가 내게는 매우 중요하다는 것을 강조했다.

글에서 보이는 한유의 어투는 당당하다. 도움을 청하는 처지에 태도가 뭐 이리 도도하냐고 생각할 수도 있겠지만 당시에는 이것이 관례였다. 당대의 과거시험은 경쟁이 치열했다. 한유가 응시했던 진사과進士科에는 매년 대략 600~1,000명이 응시했지만 합격자는 평균 20~30명에 불과했다. 많은 응시자들이 죄다 백방으로 후원자를 찾아 나섰을 뿐 아니라, 부탁을 받는 사람도 자신을 이끌어달라는 많은 청년들 가운데 누구를 밀어줄지를 잘 선택해야 했다. 후원해준 청년이 합격하여 훌륭한 인재가 되면, 추천자도 인재 발굴의 기쁨과 함께 사람 보는 안목이 뛰어나다는 평가를 얻었기 때문에 일방적으로 도움을 주기만 한 것은 아니었다. 따라서 시험을 앞두고 서로가 서로를 찾는 이 난무하는 추천과 선택의 과정에서 양쪽 입장이 잘 맞아떨어져야 비로소 도움을 주고받을 수가 있었고, 양쪽 모두 얻는 이익이 있었다. 그러니 한유가 비굴할 필요가 없었던 것이다. 도움이나 부탁을 하는 사람은 마냥 조심스럽고 겸손해야 한다는 것도 어쩌면 편견일지도 모른다. 요구가 명확할수록, 태도가 떳떳할수록 오히려 그의 실력이 궁금해질 수도 있으니까 말이다.

: 내 미래는 당신의 작은 손짓에 달려 있다 :

한유는 이 편지를 보내고 원하는 답을 얻었을까. 그렇지 않다. 그는 이 편지를 쓰고도 두 번의 낙방을 거듭한 후에야 합격했다. 결국 이 편지는 효력 없는 글이 되고 말았지만, 일거수일투족이라는 표현은 남기게 되었다. 한유의 말대로 누구에게는 아주 손쉬운 일이 다른 누구에게는 성패를 가르고 생사를 결정짓는 일이 되기도 한다. '이 사람 괜찮다'라든가 '한번 만나보라' 등의 말 한마디가 누군가에게는 그야말로 운명을 가르는 말이 된다. '결정적 계기'라는 말이 딱 들어맞는 경우다.

일거수일투족은 다르게 보면 요즘의 갑을_{甲乙} 관계에 해당한다. 갑은 강자이고 을은 약자이며 갑은 힘과 지위가 있는 반면 을에게는 없다. 그래서 갑은 을을 부리고 을은 갑에게 종속되어 있다. 그 이유는 단 하나다. 갑이 을의 생사여탈권을 쥐고 있기 때문이다. 그리고 을이 자신의 열세를 강하게 인식할수록 안절부절하고 전전긍긍하는 태도는 심해진다. 이 대목에서 갑의 인격이 볼품없고 초라하다면 그야말로 갑질을 해댄다. 우리 사회가 자조적으로 갑을 관계라는 말을 하고 있지만, 사실 모든 사람의 힘과 지위가 동등할 수는 없다. 강력한 힘과 미약한 힘, 높은 자리와 낮은 자리로 차등이 생긴다. 중요한 것은 그것이 영원하지 않다는 것을 아는 것이다. 영원히 고정적인 갑을 관계는 없다. 갑이 을이 될 수도 있고, 갑과 을에 끼지도 못했던 또 다른 을과 병丙이 엄청난 갑으로 변할 수도 있다. 그러니 내게 큰 힘이 있다면 나눌 일이고, 지금 조금 모자라다면 도움을 청하면 된다.

한유는 '물이 필요하지만 제 힘으로는 물가로 갈 수 없는 괴물'로 자신의 처지를 나타냈다. '물가로 데려다주는 일이 당신에게는 아주 간단한 일이니 해달라, 그러면 그다음은 내가 알아서 할 수 있다'며 간청했다. 그의 간절한 마음이 담긴 말은 지금 우리의 삶과 세상에도 들어맞는다.

인생의 어느 순간, 어느 단계에서 실제로 이런 도움이 필요한 경우가 있다. 몸이 뒤집힌 거북이, 틈새에 몸이 낀 강아지, 젖병을 놓친 갓난아기, 계단을 오르지 못하는 노인. 모두 누군가의 손길 한 번이 간절한 경우이다. 그 가벼운 손짓을 만나느냐 못 만나느냐가 많은 것을 바꾸어놓는다. 그래서 내 도움이 필요하다면 손 한 번 뻗고 발 한 번 내디뎌주는 것이 맞다. 또 내가 타인의 일거수일투족이 필요하다면 고민은 그만하고 한유처럼 당당하게 한 번 청해보는 것도 맞다. 세상은 이렇게 도움 주고 도움 받으며 돌아간다. 힘의 공유의식이라는 게 있다면 이런게 아닐까. 지금 우

내 작은 손길로 바꿀 수 있는 것들

리가 살아가는 세상은 이 원리가 작용하고 있을까? 그동안 나는 도움이 필요한 이에게 작은 손길을 내어줬는지, 혹은 누군가의 도움이 필요할 때 용기 있게 청했는지 생각해볼 시간이다.

• 오늘의 고사성어

일거수일투족	一擧手一投足

一擧手一投足

현재 뜻	크고 작은 동작 하나하나

본래 뜻	그대의 작은 손짓이 내 운명을 결정한다

일망타진

一網打盡

한 번 던진 그물로 얻어낸 엄청난 수확

상대방을 정적으로 삼고 남김없이 제거하다

부산광역시 기장군의 산물 중에 멸치가 유명하다. 멸치를 포획할 때는 여러 명이 합동해서 그물로 잡아 올리는데, 그물을 끌어 올릴 때의 장면이 장관이다. 그물에 가득 걸린 멸치들로 한껏 무거워진 그물을 배 위에 죽 늘어선 인부들이 구령에 맞춰서 온 힘을 다해서 끌어당기는데, 그물에 걸린 멸치들이 파닥거릴 때마다 햇살에 은색 배가 반짝이고 동시에 그 은색 피부가 그물에 벗겨져 파편처럼 허공으로 흩날린다. 치열하고도 아름다운 한판 힘겨룸이 펼쳐진다. 멸치잡이 장면을 보고 있자면 그물로 물고기를 떼

로 잡는 게 어떤 건지, 그리고 얼마나 힘겨운 일인지를 한 눈에 알
수 있다.

　일망타진은 한 번 그물을 쳐서 고기를 다 잡는다는 뜻으로,
어떤 무리를 한꺼번에 모조리 잡아들일 때 쓰는 말이다. 주로 불
법을 저지른 범죄자나 적군 등 제거하거나 타도해야 할 대상을
일거에 잡았을 때 하는 표현이다. 한 번 그물을 던졌을 뿐인데 남
김없이 다 잡아들였으니, 일망타진은 기회가 왔을 때 이를 놓치
지 않고 공략하면 엄청난 수확을 얻을 수 있음을 의미하는 것처
럼 보인다. 그러나 그물을 던져 모조리 잡는다는 이 말은 어부의
만선의 기쁨과는 전혀 무관하고, 송대 宋代의 신구 新舊 정치세력
의 대립과 투쟁이라는 시대 배경에서 나왔다. 먼저 이 시기에 정
당과 정파에 대한 인식이 어땠는지 구양수 歐陽修(1007~1072)가
황제에게 올린 글에서 엿볼 수 있다.

　　신이 듣기에 붕당 朋黨이라는 것은 예로부터 있었습니다.
　　다만 임금께서 군자와 소인을 알맞게 가려 판별하시기만을
　　바랄 뿐입니다.
　　대개 군자는 군자끼리 도를 같이함으로써 붕이 되고,
　　소인은 소인끼리 이익을 같이함으로써 붕이 됩니다.

이것은 자연스러운 이치입니다. **23**

여기서 붕당이란 특정한 목적을 같이하여 무리를 이루는 것으로, 일반적으로 정치적 당파를 일컫는다. 그러나 붕당은 파벌, 음모, 정치적 대립과 내분을 연상시키기 때문에 부정적인 의미가 강했다. 당시 구양수는 황제에게 간언을 하는 직책인 간관諫官의 자리에 있으면서 〈붕당론〉을 써서 올렸다. 그는 이 글을 통해서 붕당은 필수불가결한 것임을 밝히고, 나아가 군자의 붕당은 정치적으로 가치가 있으니 황제는 군자의 붕당인지 소인의 붕당인지를 잘 판별해서 소인의 붕당을 혁파해야 한다고 역설했다.

: 붕당은 필연적이다 :

중국에서 붕당이 정치에 도움이 되는가 해악이 되는가를 본격적으로 공론화하기 시작한 것도 이때부터였다. 당대까지는 황제의 전권이 막강했고 관료 사회를 구성했던 귀족 출신과 과거 출신이 서로 대립하고 투쟁했다. 당대 중기가 되자 기득 세력인 귀족들과 신흥 세력인 과거 출신들 간의 심화된 갈등은 우이당쟁 牛李黨爭

으로 표출되었고, 과거 출신이 세력을 장악하면서 당쟁은 마무리 되었다. 이후 송대에도 관료 사회는 과거 시험이라는 동일한 관문을 통과한 사람들로 구성되었고, 이들은 서로 비슷한 지적 수준과 문화를 공유하게 되었다. 이로써 귀족 출신과 과거 출신의 대립은 사라진 듯했다. 하지만 그 자리에 정치적 견해와 주장에 따른 새로운 대립 축이 생겨났고, 이런 배경에서 붕당이 형성되었다.

특히 신종神宗의 지지를 얻은 급진적 개혁가인 왕안석王安石 (1021~1086)이 등장하면서 정치권은 신법당新法黨(개혁파)과 구법 당舊法黨(보수파)으로 양분되었다. 신법당은 신속하고 전면적인 개혁을 주장했고, 구법당은 완만하고 점진적인 개혁을 주장했다. 양당의 갈등이 빚어낸 복잡한 사건이 수십 년간 지속되었다. 심할 때는 20년 동안 양당이 교대로 집권하면서 내각은 17회나 바뀌었고, 당연히 상대 당의 세력을 약화시키거나 아예 제거하려는 갖가지 시도가 수시로 이루어졌다. 인종仁宗, 영종英宗, 신종神宗, 철종哲宗, 휘종徽宗의 다섯 황제를 거치는 내내 신구는 일진일퇴하며 팽팽하게 대립했다. 〈붕당론〉은 신구의 대립이 모든 이슈를 블랙홀처럼 빨아들였던 이런 상황에서 나온 글이었다.

신법당의 실력자였던 범중엄范仲淹(989~1052)은 개혁이 성공하려면 능력 있는 젊은이들이 필요하다고 생각했다. 그래서 재능 있는 청년 소순흠蘇舜欽(1008~1048)을 황제에게 추천했고, 소순흠을 만나본 황제는 그에게 관직을 내렸다. 그 후에 소순흠은 재상인 두연杜衍(978~1057)의 사위가 되었다. 소순흠의 정치적 후원자와 장인은 모두 개혁파였고 소순흠 역시 개혁파였다. 이 시기에는 개혁파인 신법당이 세력을 장악한 듯이 보였다. 그러다가 구법당이 신법당 일파를 탄핵하면서 상황은 바뀌게 되었다. 탄핵은 왕공진王拱辰(1012~1085)이 주도했다.

： 구법당의 그물에 걸리다 ：

소순흠이 관직에 있을 때 새신회賽神會라는 제례 행사를 준비했다. 그는 이 연회 비용을 마련하기 위해서 고지故紙(이미 사용한 적 있는 공문서와 봉투)를 판 공금에다 자비를 보태고 행사 참여자들에게서 돈을 모았다. 그런데 이 과정에서 소순흠이 공금을 유용했다는 의견이 나왔다. 게다가 소순흠의 장인인 재상 두연은 당시 청렴결백과 강직함으로 이름이 났던 인물인데, 그의 사위가 이런 불법적인 일을 저질렀으니 재상직에서 물러나야 한다는 비판이 일었다. 결국 황제도 이런 여론이 일고 있음을 알게 되었고, 구법당의 왕공진에게 사건을 조사하도록 시켰다.

　조사 결과 황제는 '감독해야 할 나라의 재물을 훔친 죄'로 소순흠의 관직을 박탈했고 연회 참석자 40여 명을 모두 면직, 강등, 좌천시켰다. 소순흠의 장인인 재상 두연도 재상직에서 물러나게 했다. 이 사건으로 신법당의 인물 상당수가 축출되면서 개혁에 큰 타격을 입게 되었다. 소순흠은 해마다 개최하던 새신회를 관례대로 진행했지만 정적들은 예상 못한 일을 빌미로 삼아 맹공을 퍼부었던 것이다. 매년 통상적으로 해오던 일에 대해서도 누군가 마음만 먹으면 불법으로 몰아갈 수 있는 것이다. 이 일을 계기로 신구의 정세는 역전되었다. 왕공진은 탄핵에 성공한 후에 다음과 같이 말했다.

　내가 그물을 한 번 던져서 남김없이 모두 잡았다. **24**

　구법당의 입장에서는 급진적이고 전면적인 혁신을 주장하는 신법당을 모조리 쓸어낼 기회를 엿보고 있었을 것이고 드디어 원하는 바를 얻게 되었으니, 참으로 통쾌한 기분에서 한 말이었을 것이다. 눈엣가시 같았던 상대당을 그물에 갇힌 물고기처럼 쓸어낸 득의양양함이 묻어난다. 촘촘한 그물에 걸려서 한 명도 남김없이 일시에 제거했다는 비유가 매우 적절해 보인다.

: 타도의 주체가 될 수도, 대상이 될 수도 :

정당이나 정파의 대립은 정치에 득이 되기도, 실이 되기도 한다. 그러나 세상만사 모두 그러하듯 적정한 견제와 균형은 발전적인 상생을 가능케 하지만 과도한 대립과 분열은 곧 공멸의 지름길이 된다. 일망타진은 구법당의 승리에서 비롯되었지만, 일련의 역사적 사실을 보면 항상 구법당의 승리만을 뜻하는 것은 아니었다. 구법당을 승리하게 했던 그 형국이 반대로 구법당에게 적용되어 구법당이 신법당의 그물에 걸려 잡히는 일도 있었다. 상대를 제거하고 제압하려는 마음을 가지면 대립만 낳는다. 제거해야만 자신에게 이익이 된다고 생각한다. 그러나 설령 경쟁 상대이고 반대 세력이라 해도 협조의 마인드로 접근한다면 다른 가능성을 찾을 수 있다.

일망타진은 세력을 얻고자 했던 정당 간 경쟁이 만들어낸 표현이다. 정적에게 쓰던 표현이 현재는 범죄자나 적군에게 쓰이고 있는 것을 보면, 정치적 맞상대에 대한 증오가 그만큼 깊다는 것

"일망타진이로구먼!"

을 알 수 있다. 하지만 반대 세력을 무조건적으로 비난하며 일망타진을 노리는 것은 정치사에서도, 개인의 일생에서도 현명한 태도는 아닐 것이다. 누군가를 그물에 걸리게 하려는 미움과 공격은 언젠가 화살이 되어 내게 돌아올 수도 있음을 명심해야 한다.

• 오늘의 고사성어

일망타진	一網打盡

一 網 打 盡

현재 뜻	한 번 던진 그물로 얻어낸 엄청난 수확

본래 뜻	상대방을 정적으로 삼고 남김없이 제거하다

자포자기

自暴自棄

스스로 해치고 버린다

어질고 바른 마음 없이는 인간관계를 시작할 수 없다

사람들은 도저히 넘을 수 없는 큰 벽 앞에서 간혹 자포자기를 생각한다. 자포자기란 절망에 빠져 자신을 스스로 포기하고 돌아보지 않는다는 말이다. 여기서 자포자기의 '포기暴棄'는 '포기抛棄'와 발음은 같지만 뜻은 다르다. 포暴는 '사납다, 해치다'라는 뜻이므로, 자포자기를 글자대로 풀이하면 '자신을 해치고 자신을 버린다'이다. 반면에 포기抛棄는 '하려던 일을 도중에 그만두어버리다'라는 뜻이다. 보통 중도 포기라고 많이 쓴다. 한자에는 발음은 같지만 뜻이 다른 글자가 꽤 있고, 간혹 이 두 표현처럼 의미

가 혼동되는 것들도 있기 때문에 유의해서 보아야 한다.

살면서 가장 경계해야 하는 것 중 하나가 자포자기하는 태도이다. 자포자기하지 않으려면 어떻게 해야 하는가. 맹자가 여기에 명확한 답을 제시했다.

자신을 해치는 사람과는 함께 대화할 수 없고, 자신을 버리는 사람과는 함께 행동할 수 없다. 말을 하되 예와 의가 아닌 것을 말하는 것이 자신을 해치는 것이다.
내 몸이 인仁에 머물지 못하고 의義를 실천하지 못하는 것이 자신을 버리는 것이다.
인은 사람이 편히 머무는 집이고, 의는 사람이 바르게 걸어가는 길이다.
편안한 집을 비워둔 채 머물지 않고 바른 길을 버리고 따르지 않다니, 슬픈 일이다! **25**

자포자기는 인의仁義에서 나온 말이다. 맹자에 따르면 자포자기란 스스로를 해치고 버리는 것이다. 자포의 기준은 인(어짊)이고 자기의 기준은 의(바름)이다. 인과 의를 행하지 않는 사람이란, 더 나은 사람이 되고자 또는 훌륭한 인격체가 되고자 노력하지 않는 사람을 통칭한다. 인품이 모자라거나 인격 수양이 덜 된 사람일 수도 있다. 나 자신이 이런 사람이 되어서는 안 되며, 이런 사람을 가까이할 수도 없고 해서도 안 된다. 자신을 난폭하게 대하고 절망에 빠뜨리는 사람, 즉 자포자기한 사람은 편안한 집을 놔두고 올바른 길을 버리는 사람이기 때문이다. 참으로 맞는 지적이다. 바른 길로 가고 있는지 스스로 돌아보지 않는 사람과는 함께할 수 없다고 한다. 결국 자포자기는 삶의 태도에 대한 말이다.

: 그 누구도 아닌 바로 자신을 돌보라 :

맹자가 살던 시대는 국가 간 패권 다툼과 전쟁이 극심했던 전국시대였고 여러 사상가들이 격렬한 논쟁을 벌였던 백가쟁명百家爭鳴의 시대였다. 정치와 외교에서 폭정과 술수가 난무하는 혼란한 세상을 보면서 맹자는 민심을 중시한 민본주의를 주장했으며 인간의 본성이 선하다는 성선설을 논했고 인의 정치를 강조했다. 맹자 사상의 중요한 위치에 인의仁義가 있다. 인에 머물면 편안하고 의를 행하면 바르다. 이것이 인간의 도리이자, 사람이라면 마땅히 갖춰야 할 것이다. 인의를 등지고 실천하지 않는 것이 바로 자포자기다. 자포자기하지 않으려면 인의를 따라야 한다.

인의는 도덕군자나 왕의 전유물이 아니다. 인의의 출발점은 '나'이다. 나로부터 시작되어 타인과 외부를 향해 확장해나간다. 스스로 해치거나 포기하지 않는다는 것은 나를 대하는 태도와 자세에서 비롯된다. 이것부터 바로서야 타인과의 관계도 가능하며, 이것을 외면할 때 자포자기가 되어 다른 사람들과 같이하기 어려워진다. 자신도 돌보지 못하는데 다른 것은 말할 것도 없다. 맹자는 인간관계가 자신을 돌보는 데서 시작된다고 강조하는 셈이다.

* * *

현대인은 많은 어려움을 안고 살아간다. 어려움 중에는 사람들과의 관계도 큰 몫을 차지한다. 사회 관계나 심리 분야의 전문가들이 한결같이 하는 이야기가 있다. 다른 사람과 관계에 문제가 있다면 우선 나 자신과의 관계부터 돌아보라는 것이다. 내부에서 자신에 대한 이해와 소통이 있어야 외부의 관계들도 원만해질 수 있다고 한다. 맹자가 자신을 돌보라고 한 것과 비슷한 맥락이다. 맹자의 인의가 너무 정치적이고 개념적인 것으로 다가온다면, 현대적인 관점에서 '나를 어떻게 다스릴 것인가'라는 의미로 쉽게 접근해도 될 것이다. 자포자기하지 않는 것은 나를 돌아보고 다스리는 데서 시작하며, 범위를 조금씩 넓혀가면 내가 창조

한 인의의 세상이 가능해진다.

누구나 절망하거나 낙심하는 상황을 피할 수는 없다. 결국 나를 대하는 마음과 태도가 건강하게 유지될 때, 삶에 애정을 갖는 사람들과의 관계가 이어지고 지금의 어려운 상황을 극복하는 힘도 얻을 수 있을 것이다.

• 오늘의 고사성어

자포자기	自暴自棄

自暴自棄

현재 뜻	스스로 해치고 버린다

본래 뜻	어질고 바른 마음 없이는 인간관계를 시작할 수 없다

죽마고우

竹馬故友

어릴 때부터 같이 놀던 친구

내가 놀다 버린 장난감을 주워 가던 내 밑의 친구

친구들 가운데 알고 지낸 지가 가장 오래된 친구는 몇 년이 되었는가? 가장 가까운 친구가 그중에 있는가? 알고 지낸 시간이 길다고 해서 꼭 가까운 사이는 아닐 수 있다. 그런데도 오랜 친구, 어릴 적 친구는 어른이 된 후에 만난 친구와는 달리 무언가 더 편안하게 느껴진다. 가장 순수하고 미성숙했던 시절을 함께했기 때문인지 왠지 모를 애틋함도 있다. 이처럼 어린 시절의 오랜 친구를 죽마고우竹馬故友라고 한다. 글자 뜻 그대로 마땅한 장난감이 없던 시절에 대나무를 잘라서 만든 말인 죽마竹馬를 타고 놀던 친구라는 뜻이다. 서로 속속들이 잘 아는 친한 사이다. 그래서인지 죽마고우는 현재 좋은 뜻으로 쓰인다. 그런데 이 말의 유래가 기록된 것을 보면, 현재의 뜻과는 매우 다르다.

진晉나라의 은호殷浩(303~356)와 환온桓溫(312~373)은 친구 사이였다. 당시 진나라 왕이었던 간문제簡文帝는 강직한 성품의 은호를 관직에 임명했다. 은호는 관직을 거부했지만, 간문제의 간청으로 결국은 수락했다. 보통은 왕이 불러준다면 버선발로 달려갈 텐데, 그가 한사코 관직을 사양했던 것은 평소의 소신 때문이었다.

> 관리란 원래 썩어서 구린내가 나기 때문에, 관리가 되려는
> 사람은 꿈에 죽은 사람을 본다.
> 돈이란 원래 쓰레기 같은 것이어서, 돈이 생길 때는 꿈에 더
> 러운 것을 본다. **26**

여기까지만 봐도 은호라는 인물이 평범치 않다는 것을 알 수 있다. 그는 세속이 쫓는 명예와 부를 이처럼 가볍게 넘어선 인물로 명성이 높았고, 간문제는 마침 이런 은호의 명성이 필요해서 부른 것이었다.

: 친구에서 견제 대상으로 :

그리고 은호의 친구였던 환온은 당시 촉蜀나라를 평정한 공을 세우고 기세가 등등해 있었다. 간문제는 이런 환온을 견제하기 위해서 은호를 측근으로 불러들였다. 왕을 사이에 두고 친구인 두 사람이 경쟁 관계에 놓이게 되었다. 이런 긴장 관계에서 사람의 성품은 여실히 드러난다.

얼마 후에 은호는 후조後趙의 난을 평정하고 중원을 회복하라는 임무를 맡고 출정했다가 대패하여 돌아왔다. 정상적인 친구 사이라면 전쟁에서 패한 친구에게 적어도 위로 정도는 해줄 만도 한데 환온은 달랐다. 환온은 친구의 실패를 구실로 삼아, 은호의 죄를 열거하는 상소를 올렸다. 그리고 왕은 상소를 믿고 은호를 유배시키고 말았다. 관직에 나가기 싫다고 거절했던 은호를 불러내어 중책을 맡긴 왕이 제 손으로 그 신하를 유배 보낸 것이다. 사실 왕도 감싸주고 싶었지만, 세상이 다 아는 전쟁의 패배를 덮어주기에는 역부족을 느꼈던 것 같다. 친구의 약점을 잡고 상소를 올려 끝내 제거하다니, 둘의 관계는 이미 회복하기 어려운 지경으로 치달았던 것으로 보인다. 게다가 환온이 한 다음의 말은, 그가 친구인 은호를 어떻게 생각했는지를 보여준다.

내가 어릴 때 은호와 함께 죽마를 타고 놀았는데, 내가 싫증

이 나서 죽마를 버리면 은호가 항상 그것을 주워 갔다.

따라서 그는 내 밑에서 노는 것이 당연하다.**27**

가지고 놀던 장난감이 싫증 나서 버리면, 친구가 그것을 주워 갔다. 그러니 나는 그의 위에 있고 그는 내 밑에 있다. 내다버린 말을 주워 가야 했던 친구의 사정이나 심정은 안중에도 없이 얕잡아 보고 자기 아래로 생각한 것이다. 동등해야 하는 친구 사이에 위아래 운운하는 걸 보면 환온의 사람됨은 이미 바닥까지 드러났다. 은호는 친구가 자신을 이렇게 얕잡아 보는 줄 알았을까.

후에 환온은 무슨 속셈인지 은호에게 관직을 제안하는 편지를 보냈다. 친구에게 호되게 당한 경험이 있는 은호는 이에 응하는 답장을 보내면서 혹시 작은 실수라도 생길까 봐 편지를 수십 번을 고쳐 썼다. 어렵게 완성한 편지도 봉투에 수십 번을 넣었다 뺐다 하다가, 마침내 편지를 넣지 않은 빈 봉투만 보내고 말았다. 과도한 긴장이 초래한 실수였다. 여기서 은호의 심정을 알 수 있다. 나를 궁지로 몰아넣은 친구에게 쓰는 편지 앞에서 이렇게 긴장했다면 이미 환온에 대한 두려움이 컸다는 얘기다. 친구 사이라면 편안해야 하는데 안절부절못했다면 관계는 뒤틀린 것이다. 빈

친구일까, 아닐까?

봉투를 받은 환온은 내막을 모르니 당연히 화를 냈고, 다시는 은호와 연락하지 않았다. 은호 역시 끝내 복귀하지 못하고 유배지에서 생을 마쳤다. 오랜 친구 관계는 이렇게 끝이 났다. 말의 유래로 따져보자면 죽마고우는 '어릴 때부터 알고 지냈지만 남보다 못한 사이'가 더 적절해 보인다. 그런데도 지금은 죽마고우에 추억과 향수를 짙게 보태어서 좋은 뜻으로 쓰고 있으니, 세월의 흐름에 이렇게 뜻이 달라질 수 있나 생각하게 된다.

: 빈 봉투에 담긴 두려움 :

두 사람의 관계는 회복될 수 있었을까. 환온은 상소까지 올려가며 제거해버린 친구에게 대체 왜 관직을 제안했을까. 만일 은호가 빈 봉투가 아니라 편지를 제대로 보냈다면 어떻게 되었을까. '관리에게는 썩은 냄새가 난다'는 생각으로 왕의 관직 제안도 거절했던 은호는 부치지 못한 편지에서 뭐라고 답을 했을까.

친구란 동등한 관계에서 비로소 성립이 되는데, 은호와 환온은 친구라고 착각한 것이지 진짜 친구 사이는 아니었던 것도 같다. 환온은 어릴 때부터 친구로 생각한 적이 없었고, 은호는 친구로 여겼다가 배신을 당했다. 관계 설정이 처음부터 달랐던 것이다. 은호의 상심과 충격은 깊었을 것이다. 그리고 둘 사이의 핵심은 관계의 변질에 있다. 상소와 유배 사건으로 둘의 관계는 변질되었고, 그 변질은 환온이 주도했다. 한쪽이 변해버리면 예전과 같은 관계 유지는 어려워진다. '그래도 어릴 적 친구니까' 하며 배신도 변해버린 관계도 다 참아주고 간다면 조만간 또 다른 문제를 낳는다.

친구니까 잘못은 한두 번 봐줄 수 있고, 친구니까 내 험담을 해도 몇 번은 봐줄 수 있고, 친구니까 내게 뒤통수를 쳤지만 봐줄 수 있다. 그러고 보면 친구라는 이름으로 참 많은 것들을 그냥 덮어주고 간다. 이렇게 관대한 명칭이 또 있을까. 그러나 결국 이런 관계는 좋지 않게 끝이 난다. 어릴 적의 추억 공유를 제외하고는 다른 어떤 공통 분모가 없다면 죽마고우라고 해도 만남은 단조로울 수밖에 없다. 우정이든 무엇이든 사람의 관계는 추억만으로는 성장하기 힘들기 때문이다. 그러니 친구라는 이름으로 인간관계의 울타리 안에 들어와 있는 사람들 중에 실상은 진짜 친구가 아닌 경우도 허다하다. 이럴 때는 이 관계를 계속 유지할 것인지 아닌지 냉정하게 판단하고 결정해야 한다. 그러지 않으면 은호처럼 극도의 긴장과 두려움으로 빈 봉투만 보내는 일을 할 수도 있으니 말이다.

어릴 적 친구와 성인이 된 후에도 좋은 관계가 되려면 서로 많은 노력이 필요하다. 환온은 저보다 못하다고 여겼던 친구가 왕의 부름을 받아 높은 자리에 오르는 것을 시기했고, 전쟁 패배를 빌미로 삼아 제거해버렸다. 내가 놀다 버린 장난감을 주워 가던 친구가 커서 사회에서 성공하는 것을 받아들이지 못한 것이다. 친구의 성장과 발전을 축하해주기는커녕 질투하고 깎아내리는 본심이 발동한 것이다. 반면에 은호는 친구인 줄 알았던 환온에 의해서 관직에서 밀려나 유배 생활을 했고, 뜻하지 않은 친구의 요청을 받고 고심하며 편지를 썼다. 환온이 적인지 친구인지 이때까지도 구분을 하지 못했다면 대단히 어리석은 것이고, 환온에게 당한 경험으로 그가 얼마나 악랄한지 알고 두려움에 떨었다면 배신의 상처가 컸던 것이다. 이래저래 은호에게 마음이 쓰인다.

죽마고우란 말은 정겹다. 어린 시절의 추억을 공유한 오랜 벗이 주는 편안함과 믿음은 분명히 있다. 그러나 이 말의 유래는 냉정하고 얄팍한 인간관계를 보여준다. 은호와 환온의 관계를 보면, 그들은 이미 친구가 아니었다. 고사성어에는 관중管仲과 포숙鮑叔의 '관포지교管鮑之交'나 백아伯牙와 종자기鍾子期의 '지음'이 전하는 진정한 우정도 있는가 하면, 은호와 환온의 죽마고우와 같은 관계도 있다. 예로부터 진정한 친구는 얻기 어렵다고 했다. 그러니 친구가 적다고 혹은 없다고 한탄할 일도 아니다. SNS 친구 맺기 등으로 사회교제의 범위는 넓어졌지만 그렇다고 진짜 친구가 많아지는 것은 결코 아니다. 친구는 숫자가 중요한 게 아니라 함께 나눈 마음의 깊이와 진심이 전부이므로.

• 오늘의 고사성어

죽마고우	竹馬故友

竹 馬 故 友

현재 뜻	어릴 때부터 같이 놀던 친구

본래 뜻	내가 놀다 버린 장난감을 주워 가던 내 밑의 친구

- 明哲保身

- 先見之明

- 錦衣還鄉

- 囊中之錐

- 識字憂患

3장

현명한 삶의 자세

· 漸入佳境

· 寸鐵殺人

금의환향

錦
衣
還
鄉

타지에서 출세하여 고향에 돌아오다

섣불리 고향에 돌아오는 것은 치명적 실수다

'고향故鄕'이나 '귀향歸鄕'은 단어 안에 이미 근원적 소속처로 회귀한다는 뜻이 있다. 태어나고 자란 곳으로 돌아간다는 것은 일종의 향수나 그리움을 동반한다. 그렇다고 해서 누구나 고향에 갈 수 있는 것은 아니다. 고향에 가고 싶어도 못 가는 사람도 있고, 일부러 안 가는 사람도 있다.

그러나 타지에서 큰 성공을 거둔 후의 귀향이라면 어떨까. 말 그대로 금의환향이다. 금의환향은 '비단옷을 입고 고향으로 돌아간다'라는 말로 출세하여 고향으로 돌아가거나 돌아옴을 뜻한다. 사람이 출세하고 성공하면 다른 어떤 곳보다 고향에서 인정받고 싶어 한다. 고향의 가족과 친지들에게 큰 자랑거리가 되기 때문이다. 따라서 타지에서 성공한 이에게 고향의 의미는 남다르다. 성공의 과정이 험난할수록 고향에서 확인하려는 인정욕구는 커진다. 고향을 찾게 되는 것은 사람뿐 아니라 동물도 마찬가지다. 짐승도 죽을 때가 되면 태어난 곳의 언덕을 향해서 머리를 둔다는 뜻의 수구지심首丘之心이라는 말도 있지 않은가.

금의환향이라는 말은 금의야행錦衣夜行에서 나왔다. 금의야행은 '비단옷을 입고 밤길을 다닌다'는 말로 자랑삼아 하지 않으면 생색이 나지 않는다 또는 아무 보람이 없는 일을 한다는 뜻이다. 현재는 금의야행은 부정적인 의미로 쓰이고 금의환향은 긍정적인 의미로 쓰이지만, 두 표현은 하나의 일화에서 유래했다.

진시황이 죽은 후에 진나라는 맥없이 무너져갔다. 진시황의 뒤를 이으려 했던 장남 부소扶蘇가 죽고, 막내아들 호해胡亥가 이세황제二世皇帝가 되었는데, 무능하고 유약한 이 인물은 환관 조고趙高의 손아귀에서 놀아나고 있었다. '사슴을 가리키며 말이라고 한다'는 지록위마指鹿爲馬라는 말도 기세등등했던 조고 앞에서 무력하기 짝이 없던 황제, 환관에게 좌지우지되었던 이세황제에게서 나온 말이었다. 혼란의 이 시기에 패권을 노리는 두 인물, 항우와 유방이 등장하면서 초한楚漢전쟁의 서막이 시작되었다.

： 고향으로 돌아갈 것인가, 타지에 남을 것인가 ：

유방劉邦(기원전 256~195)이 진나라의 수도 함양咸陽으로 진격해 들어오자 당시의 진왕은 유방에게 투항했지만 유방은 진왕을 죽이지는 않았다. 진왕은 목숨을 건졌지만 진나라는 이로써 사실상 멸망했다. 그러나 유방보다 늦게 함양으로 진격해 들어온 항項羽(기원전 232~202)은 유방과 달리 수도에 들어오자 바로 진왕을 죽였고 약탈을 자행했다. 황궁인 아방궁阿房宮뿐 아니라 함양 전체를 초토화시킨 후에 항우는 초楚나라의 땅으로 돌아가 새로운 수도를 건설하려고 했다. 자신의 고향인 팽성彭城을 수도로 삼고자 한 것이다. 이때 측근이 함양의 지리적·경제적 우위를 내세우며 함양을 수도로 해야 한다고 건의했다.

> 함양은 주변이 산과 강으로 막혀 있어서 지형적으로 수도로 삼기에 적합하고, 땅도 비옥해서 생산력이 좋습니다. 이 점을 고려하시기 바랍니다. **28**

수도 선정의 이유를 객관적으로 잘 파악한 제안이었다. 그러나 당시 항우가 바라본 함양은 전쟁으로 파괴된 이미 멸망한 왕조의 수도일 뿐이었고, 그는 피폐해진 도시는 회복하기 어렵다고 판단했다. 게다가 함양의 민심은 항우를 약탈을 자행한 가혹한 정복자로 보았고, 반면에 유방을 민심을 읽을 줄 아는 괜찮은 인물로 보았다. 민심마저 유방에게 유리하다고 생각했기 때문에, 함양에 발붙이고 싶은 마음이 없었을 것이다. 그래서 항우는 건의를 일축하며 다음과 같이 답했다.

> 사람이 부귀해지고도 고향으로 돌아가지 않는 것은,
>
> **비단 옷을 입고 밤길을 가는 것과 같다.**
>
> 비단 옷을 입는다 한들 어두운 밤길을 간다면,
>
> 그 부귀함을 누가 알아주겠는가. **29**

자신은 물론 새 왕조의 운명이 걸린 중요한 결정을 앞두고 한 항우의 대답이었다. 이 말에는 나의 성공을 만천하에 특히 고향에 가서 알리고 싶다는 욕망, 타지에서의 성공을 고향에서 확인하려는 속내가 강하게 드러난다. 고향이 수도로서 적합한 조건을 갖추었는지를 따져보기 이전에, 함양은 꺼려지니 나의 터전인

고향으로 가겠다는 생각이 다른 무엇보다 앞서 있다. 결국 항우는 고향으로 돌아갔다. 고향 팽성을 수도로 정하고 서초패왕西楚霸王이 되었다. 하지만 그토록 원했던 화려한 금의환향은 제대로 해보지도 못한 채 귀향 후 4년 만에 유방의 군대에게 쫓겨 오강烏江까지 패퇴했고 그곳에서 최후를 맞이했다.

：영웅의 여정의 종착지 ：

초한전쟁 후반으로 갈수록 유방에 비해서 전력이 약화된 탓도 있었겠지만, 애초에 고향으로 가겠다는 항우의 결정과 그 결정의 근거가 되었던 그의 판단력에 대해서 해석이 분분했다. 항우의 귀향에 대해서 '초나라 사람은 촌뜨기라서 원숭이가 관을 쓴 격'이라는 매몰찬 비판의 말이 생겨난 것도 결국은 그의 결말이 실패로 끝났기 때문일 것이다. 항우는 고향 밖의 더 넓은 세상을 보고 천하를 기획할 안목이 부족했던 것일까, 아니면 고향으로 돌아가고 싶은 원초적인 바람에 충실했던 것일까.

신화학자 조셉 캠벨Joseph J. Campbell은《영웅의 여정》에서 전 세계 신화에 등장하는 영웅 이야기의 공통점을 지적했다. 그에 따르면 영웅은 '탄생-부름-모험-역경-귀환'으로 요약되는 과정을 거친다. 운명의 부름을 받고 온갖 모험과 역경을 겪으면서 임무를 완수한 후에는 끝내 고향으로 돌아온다. 결국 영웅의 여정의 종착지는 고향이다. 고향 회귀는 이렇게 보편적인 것이고, 항우도 예외는 아니었다.

멋지게 고향으로 입성하려던 항우의 금의환향의 꿈은 실현되지 못했다. 반면에 유방은 한을 건국한 후 오래도록 고향에 가보지 못하다가 죽기 전에야 고향에 들렀다. 황제의 자리에 오른 후 십수 년이 지나서야 비로소 고향을 찾은 것이다. 황제가 되고 난 후 처음 고향 땅을 밟은 유방은 고향 사람들에게 세금도 면제해주고 같이 어울려서 춤도 추면서 진정한 금의환향을 누렸다. 유방도 건국 당시에 수도 선정을 두고 고심했다. 그는 함양과 낙양洛陽을 후보지로 놓고 저울질했는데 측근들은 대부분 낙양에 찬성했지만, 유방은 최종적으로 함양을 선택했다. 그는 함양을 '금성천리 金城千里, 천부지국天府之國'로 보았기 때문이다. 금성천리란 철옹성이란 뜻으로 군사적·전략적인 지형의 우세를 나타내고, 천부지국이란 천하의 창고란 뜻으로 산물이 풍부함을 나타낸다. 그는 이런 객관적인 사실에 근거했기 때문에 애초에 고향은 염두에 두지 않았다. 또한 함양은 항우의 예상과 달리 그리고 유방의 예측에 맞게 몇 년 만에 토지 생산력을 회복했고 한의 수도로서 위용을 갖추게 되었다. 같은 도시를 두고도 유방과 항우의 판단이 달랐던 것은, 유방은 철저하게 수도로서의 입지 조건을 따지며 접근했기 때문이다.

항우와 마찬가지로 유방 역시 영웅의 여정을 밟았다. 유방이 타지에서 꿈을 이루었고 꿈을 이룬 즐거움을 고향에서 만끽했다면, 항우는 꿈과 즐거움을 모두 고향에서 누리려 했다. 유방과 항우를 보면 귀향에도 시기가 중요해 보인다. 귀향은 모든 모험과 역경이 끝난 후에 의미가 있는 것인데, 항우는 역경이 끝나기도 전에 서둘러 고향으로 향했다. 그래서일까. 두 영웅 중 한 명은 승자가 되었고 한 명은 패자가 되었다.

초한전쟁의 승패를 가른 원인에 대해서는 두 사람의 성격과 용인술用人術 등을 포함한 여러 가지 분석이 있지만, 귀향만 놓고 보자면 항우의 귀향은 아무래도 시기상조였다. 이 점 역시 패인 중에 하나다. 어차피 돌아갈 곳이 고향이라면, 언제 어떤 모습으로 돌아갈지가 중요해진다. 아직 무르익지 않은 성공에 취해 선불리 귀향하는 것은 어리석은 짓이 될 수도 있다. 더불어 한때의 성공과 영광만을 믿고 자만하여 이후의 여정을 소홀히 해서도 안 된다. 우리는 모두 각자 인생의 주인공이고 영웅이다. 캠벨의 다섯 과정 중에서 나는 지금 어디에 서 있는지, 언제 귀환할 것인지의 결정은 남이 대신해주지 않는다. 내 삶의 영웅 이야기를 나만의 방식으로 구상하고 실천해보자.

• 오늘의 고사성어

금의환향	錦衣還鄕

錦衣還鄕

현재 뜻	타지에서 출세하여 고향에 돌아오다

본래 뜻	섣불리 고향에 돌아오는 것은 치명적 실수다

낭중지추

囊中之錐

재능은 숨겨도 드러나게 마련이다

뛰어난 재능도 펼칠 기회가 있어야 한다

간혹 재능에 대해 생각해보게 된다. 재능이 있어도 그만한 대우를 못 받는 사람도 있고, 반면 재능에 비해서 많은 것을 누리면서 사는 사람도 있다. 재능이 뛰어나다고 해서 항상 인생이 탄탄대로인 것은 아니다. 사람은 저마다 나름의 재능이 있고 어떤 분야에든 탁월한 인물이 있다. 누군가의 묻혀 있던 실력이 활짝 꽃피는 것을 보는 일은 꽤 흥미로운데, 그 과정이 극적일수록 흥미는 배가 된다. 흔히 실력 있는 인재는 반드시 세상에 드러나기 마련이라고 한다. 그렇다면 반대로 재능만큼 빛을 못 보는 경우는 없을까. 드러나지 않은 재능을 재능이라고 할 수 있을까. 동일한 실력이라면 그것이 드러나는 것과 드러나지 못한 채 사장되는 것은 어떻게 결정되는 것일까.

＊＊＊

'실력은 반드시 드러나게 된다'라는 의미의 성어가 낭중지추囊中之錐이다. 낭중지추는 주머니 속의 송곳이라는 뜻으로, '재능이 뛰어난 사람은 숨어 있어도 저절로 사람들에게 알려진다'는 말이다. 주머니에 넣어둔 송곳은 언젠가는 주머니를 뚫고 나온다. 낭중지추라는 표현은 전국시대 조趙나라의 부자였던 평원군平原君과 그의 식객食客 모수毛遂의 일화에서 나왔다.

전국시대 진나라가 조나라를 공격하자, 조나라 왕은 초나라에 사신을 보내서 외교적으로 문제를 해결하려 했고, 이 임무를 평원군에게 맡겼다. 평원군은 자신의 수천 명의 식객 중에서 스무 명을 선발해서 외교사절단을 꾸렸다. 그중 임무에 필요한 인재를 열아홉 명까지는 뽑았는데 나머지 한 명을 채울 만한 사람이 없었다. 이때 모수가 자신을 뽑아달라고 나섰다. 식객이 많았다 해도 평원군의 눈에는 낯익은 얼굴이 꽤 있었지만 모수라는 사람은 아무리 봐도 처음 보는 인물이었다. 그래서 모수에게 물었다.

"선생은 내 집에 머물고 있는지 얼마나 되었소?"

"이제 3년이 되었습니다."

"재능 있는 사람은 비유컨대 송곳이 주머니에 들어있는 것처럼 송곳 끝이 주머니 밖으로 나타나기 마련이오. 그런데 내 집에 와서 3년이나 지났건만 주변에서 선생에 대해서 얘기를 하거나 칭찬하는 것을 나는 들어본 적이 없소이다. 이는 능력이 없다는 것이니 그대로 집에 남아 있으시오."[30]

: 이름도 들어본 적 없는 일개 식객 :

3년 동안 이름 석 자조차 들어보지 못했으니 내세울 만한 것이 아무것도 없지 않느냐는 말이었다. 중대한 나라 일을 완수해야 하는 자리에 동행할 인재를 뽑는 것인 만큼 평원군의 직설적인 지적도 일리가 있었다. 그러나 모수는 여기서 물러나지 않았다.

"맞습니다. 그러니 오늘 저를 그 주머니에 넣어달라고 청하는 것입니다. 만일 진작에 주머니에 넣어주셨다면 송곳이 주머니를 뚫고 나왔을 것이며, 어찌 송곳 끝만 보였겠습니까?"[31]

모수는 자신을 주머니에 넣어주기만 한다면 송곳 끝이 뚫고 나올 것이라고 맞받아쳤다. 어찌 주머니에 넣어보지도 않고 송곳 운운하느냐고 대담한 반격을 한 것이다. 게다가 송곳 끝만이 아니라 송곳 자루도 주머니를 뚫을 수 있다고 설득했다. 모수의 대답은 낭중지추라고 한 평원군의 말꼬리를 잡은 순간적인 말재간일 수도 있다. 혹은 이름 없이 지내온 3년간 쌓아온 내공에서 나온 자신감일 수도 있다. 어쨌든 모수에게는 다시 얻기 어려운 절호의 기회였기 때문에 적극적으로 나오는 게 당연했다. 모수의 당당함이 힘을 발휘했는지 평원군은 결국 모수를 포함한 스무 명의 수행단을 이끌고 떠났다.

＊＊＊

두 사람의 대화에서 각자의 주장은 분명하다. 평원군은 '이름조차 들어보지 못한 송곳을 어떻게 믿겠는가'라는, 즉 검증되지 않은 인물을 신뢰할 수 없다는 입장이다. 그리고 그의 말에는 3년이라는 시간 동안 무엇을 했느냐는 질책도 묻어 있다. 맞는 말이다. 반면에 모수는 '송곳의 날카로움은 주머니에 넣어봐야 안다', 즉 능력을 펼칠 기회를 달라는 입장이다. 제아무리 뛰어난 재능을 품고 있어도 발현할 장이 마련돼야 한다는 뜻이다. 이 또한 맞는 말이다. 한쪽은 검증된 인재가 필요했고, 다른 한쪽은 검

증받을 기회가 필요했다. 마치 닭이 먼저냐, 달걀이 먼저냐의 문제처럼 답을 내기 어렵다.

* * *

사실 이런 일은 주변에서 흔히 볼 수 있다. 회사에서 어떤 업무를 맡았다고 해보자. 그 일이 마케팅일 수도 그래픽 디자인일 수도 기획안 작성일 수도 있다. 처음에는 서툴던 일도 시행착오를 겪다 보면 잘하게 되고, 잘하게 되면 기회도 많아진다. 실력은 날로 늘어나고 어느새 그 분야의 실력자가 된다. 이것이 설익은 초보자가 전문가가 되는 과정이다. 따라서 재능도 용불용설用不用說에 철저하게 적용된다. 해볼수록 발전하고 진화하며, 안 해보면 퇴화하고 사장된다.

구인 공고에서 '경력자 우대'라는 문구를 본다면 아직 경력이 없는 사람은 '대체 신입이 설 자리는 어디인가'라고 생각할 수 있다. 우리는 보통 신입에서 경력자가 되고, 경력자에서 전문가가 되고, 전문가에서 권위자가 되는 단계를 밟는다. 따라서 '혜성같이 등장한 신예'라는 말은 있어도 '혜성같이 등장한 전문가'라는 말은 없다. 만일 누군가 실력을 갖춘 채 불쑥 등장했다면, 각 단계별 기간이 짧았거나 혹은 단계를 거치는 것을 남들이 알아보지 못했을 뿐이지 어딘가에서 실력을 연마하고 있었다는 뜻이 된다. 따라서 아직 미숙한 신입이 노련한 전문가가 되는 데에는 반드시 축적된 시간과 경험이 필요하다. 그래서 경력자를 우대하는 것이고, 신입과 경력자를 같은 출발선에 놓고 경쟁시키지 않는 것이다. 동시에 한 분야에 이제 막 발을 들여놓은 신입들에게는 기회가 필요하다. 기회 없는 성장이란 불가능하기 때문이고, 그래서 기회의 균등이 무엇보다 중요하다. 모수는 자칫 놓칠 수 있었던 기회를 얻어냈고, 많은 식객들이 보는 앞에서 당당하게 평원군을 설득했기 때문에 기회를 얻는 과정도 나름 공정했다. 이제 남은 것은 실력을 증명해 보이는 것이다.

: 송곳과 주머니, 무엇이 먼저인가 :

제 힘으로 기회를 만들어낸 모수는 초나라와의 협상이 암초에 부딪혔을 때 발군의 말솜씨로 큰 활약을 했고 결국 합종合縱의 동맹을 이끌어냈다. 협상을 끝내고 귀국한 후에 평원군은 모수의 능력과 성과를 높이 평가하여 그를 상객上客으로 삼았다.

나는 이제 더 이상 선비들의 상을 보지 않겠다. 그동안 많게는 수천 명 적게는 수백 명의 상을 보면서, 천하의 선비들을 한 명도 놓치지 않았다고 자부했는데 모수 선생을 알아보지 못했다. 모수 선생은 초나라에 가서 우리 조나라를 구정九鼎과 대려大呂보다 더 무겁게 만들었고, 세 치 혀로 조나라를 백만의 군대보다 더 강하게 만들었다.**32**

평원군은 재능 있는 인물을 알아보지 못한 자신을 반성했고, 모수가 나라의 위상을 드높였다고 칭찬했다. 재능도 중요하고 재능을 알아보는 안목도 중요하다. 중국에서 즐겨 인용하는 천리마千里馬와 백락伯樂의 이야기도 같은 맥락이다. 천리마가 제아무리 천 리를 달리는 탁월함이 있어도, 그 능력을 알아보고 먹이를 주며 길러내는 백락이라는 마부가 없다면 그저 마구간의 평범한 말들과 하등 차이가 없다.

모수의 예에서 보듯이 송곳이 주머니 밖으로 뚫고 나오려면 일단은 주머니 안에 들어 있어야 한다. 즉 적어도 백락의 시야 안에는 들어와 있어야 한다. 그리고 기회를 자주 얻어야 재능도 연마되고 경험이 쌓이면서 더욱 날카로운 송곳이 된다. 그렇다면 동일한 실력이라고 가정할 때, 드러나는 것과 드러나지 못한 채 사장되는 것을 결정짓는 첫 단추는 기회가 된다. 모수는 첫 기회를 스스로 추천하여 얻어냈기에, 여기에서 또 다른 고사성어 '모수자천毛遂自薦'이 나왔다.

: 기회를 잡는 것보다 더 중요한 것 :

중국에서는 자천보다 타인의 추천이 일반적이었다. 제 잘난 점을 스스로 밝히는 것을 미덕으로 여기지 않는 전통 때문이었다. 시험을 통해서 관리를 뽑는 과거 제도가 있기 전에는 구품중정제九品中正制로 관리를 선발했다. 구품중정제는 중정中正이라는 관리가 현지의 민심과 평판을 통해서 해당 지역의 인물 가운데 누가 실력과 인품을 갖추었는지 조사해서 1품에서 9품까지 등급을 매겨서 상부에 보고하는 제도였다. 이 과정에는 자천이란 게 개입할 여지가 없었으며 전적으로 타인들의 추천과 평가가 반영되었다. 이러한 사회 분위기에서 나를 뽑아달라고 나섰으니 모수는 확실히 평범한 인물은 아니었다.

그러나 현대사회는 자기 홍보의 시대다. 1인 매체나 SNS를 통해서 자신을 알리는 데에 과거와 같은 주저함이 없을뿐더러 적극적일수록 기회도 많아지는 세상이다. 그렇다면 모두가 기회만 잡으면 원하는 것을 얻을 수 있을까. 기회가 중요하지만 더 중요한 것은 걸맞은 실력을 갖추는 일이다. 모수는 소위 데뷔전에서 단 한방의 만루 홈런으로 역전을 이뤄낸 경우였다. 이런 일은 흔치 않다.

나라에 도움이 되고 평원군의 인정을 받을 정도의 실력이 있었기에 그의 자천이 빛나는 것이지, 그저 스무 명 중 한 명으로 별다른 활약을 못 했다면 모수자천은 자칫 실력도 없는 자가 설레발을 쳤다는 망신으로 기록되기 십상이다. 그리고 모수는 자신의 능력의 내용과 크기를 정확히 알고 있었던 것 같다. 자기 재능을 잘 알 뿐 아니라 언제 어떻게 발휘할지도 궁리했기 때문에 기회가 왔을 때에 나설 수 있었다. 앞서 얘기했듯이, 그 역시 어딘가에서 실력을 연마하고 있었기 때문에 3년 동안의 식객 생활이 부끄럽지 않게 마무리될 수 있었다. 모수에게서 배울 점은 화려한 말솜씨와 설득력 이외에 자기 자신에 대한 깊은 이해도 있다.

**

남들 눈에 나를 맞추느라 자기 포장에 바빠서 정작 진정한 실력은 뒷전으로 밀리기 딱 좋은 요즘 세상에 모수와 평원군의 이야기는 잔잔한 울림을 준다. 나는 어떤 사람이고 내가 가진 것들은 무엇인지 읽을 줄 알 때, 진정한 나의 재능을 찾을 수 있을 것이다. 그리고 그 재능을 부단히 키워가다 보면 나의 역량을 펼칠 기회가 찾아올 것이다.

• 오늘의 고사성어

낭중지추	囊中之錐

囊中之錐

현재 뜻	재능은 숨겨도 드러나게 마련이다

본래 뜻	뛰어난 재능도 펼칠 기회가 있어야 한다

명철보신

明哲保身

총명하여 자기 몸을 보전한다

물러날 때와 나아갈 때를 알아야 한다

'그 사람은 명철보신할 줄 안다.'

'명철보신했기 때문에 위기를 넘길 수 있었다.'

　　사람에 대한 평가의 말 중에 명철보신이 있다. 대체로 칭찬할 때 쓰는 말이다.

　　명철보신이란 총명하고 사리에 밝아 일을 잘 처리하여 자기 몸을 보전한다는 뜻이다. 이 고사성어를 이루는 글자를 가만히 들여다보면 한 글자씩 읽어도(明/哲/保/身), 두 글자씩 읽어도(明哲/保身), 네 글자로 읽어도 뜻이 좋다. 똑똑하고 사리에 밝으며 제 몸을 잘 보전한다는 뜻이니, 좋은 글자만 조합해놓은 듯하다. 명철보신이라는 말은 아주 오래전부터 사용되었는데, 중국에서 가장 오래된 시가집인 《시경詩經》에 나오는 표현이다.

: 훌륭한 재상 :

《시경》은 약 2,300~3,000년 전에 불리던 노래를 기록한 시집인데, 명철보신은 이 책에 수록된 〈증민烝民〉이라는 시에 나온다. 이 시는 주周나라 선왕宣王의 재상인 중산보仲山甫를 칭송한 노래로, 중산보의 친구인 윤길보尹吉甫가 지은 것으로 전해진다. 당시에 제齊나라는 국경의 서북쪽에서 타민족이 자주 침략해왔기 때문에 이에 대한 대책이 필요했다.

제후국(제국에 대해 의무를 갖는 봉신국)인 제나라가 어려움에 처하자 천자(제국의 황제)인 선왕이 중산보를 직접 제나라에 파견하여 이민족 방어에 필요한 성을 축조하라는 명을 내렸다. 왕명을 받고 제나라를 향해서 떠나는 중산보를 배웅하면서 친구인 윤길보가 지은 시가 〈증민〉이다.

지엄하신 왕의 명을, 중산보가 받들어 행하네.

나라에 좋은 일 나쁜 일을, 중산보가 밝혔네.

밝고 현명하게 처신하여, 그 몸을 보전하였네.

밤낮으로 게으름 없이, 오로지 왕 한 분을 섬긴다네. **33**

시 〈증민〉은 전체가 8장으로 된 긴 노래인데 작품 전체에서 중산보의 능력과 인품을 두루 칭송했다. 그중에서 위 구절은 재상으로서 위치와 그에 필요한 자질과 덕목을 정확하게 나열했다. 존엄한 왕명을 받들고, 나라를 위해 최선을 다해 일한다는 4구까지는 재상의 임무다. 그리고 '밝고 현명하게 처신_{旣明且哲}'했다고 한다. 그런데 갑자기 '그 몸을 보전하였네_{以保其身}'라고 한 것은 얼핏 이해가 되지 않는다. 그리고 게으름 피우지 않고 선왕만을 섬기었다고 마무리하였다. 노래의 전개상 갑자기 중산보가 제 한 몸을 보전했다는 대목이 쉽게 이해가 되지 않는다. 신변의 위협이라도 느꼈다는 것인지, 몸을 보전한다는 것이 대체 무슨 말일까.

이 부분을 어떻게 풀이할 것인가에 대해 역대로 여러 의견이 있었다. 이 구절에 대한 후대의 주석서는 매우 많지만, 그중에서 주희 _{朱熹}(1130~1200)의 해석이 비교적 널리 받아들여지고 있다. 주희는 이 구절에 대해 다음과 같이 풀이하였다.

명은 이치에 밝은 것이고, 철은 일을 살피는 것이다.

보신은 이치에 따라 몸을 지키는 것이지, 이익을 좇고 해를

피해서 구차하게 몸을 보전하는 것이 아니다. **34**

주희의 해석에 따르면 몸을 보전한다는 기준은 이치에 따라 순리대로 하는 것이지, 이해득실을 따져서 나 혼자 살고 보자는 차원의 것이 아니다. 그렇다면 재상에게 순리란 무엇이었을까. 그 것은 일인자인 왕의 뜻을 헤아리고 자신이 나아가고 물러날 때를 안다는 것이다. 즉 진퇴進退를 알고 그에 합당하게 움직이는 것이 다. 그래야 몸을 지킬 수 있다.

나아갈 때를 아는 것은 그다지 어렵지 않다. 그러나 물러날 때를 아는 것은 어렵고, 설령 안다고 해도 실행에 옮기는 것은 훨 씬 어렵다. 물러날 때를 모르고 혹은 물러날 때를 알았지만 '조금 만 더'라는 욕심 때문에 머물다가 소위 팽烹을 당한 사례는 역사 에서 쉽게 찾아볼 수 있다. 평소에 명철하던 사람도 순간의 판단 착오로 물러날 때를 놓치기 때문이다. 그래서 진퇴를 알고 보신 하는 것은 중요한 만큼 어려운 일이다.

: 진퇴의 때를 알다 :

시의 주인공인 중산보는 이런 진퇴를 잘 알고 실행할 만큼 현명한 인물이었다는 것이 시의 내용이다. 주어진 임무를 완수한 후에는 미련 없이 떠나는 것, 다시 말해 과업을 완수하고 홀연히 떠난다는 것은 말처럼 쉽지 않을 것이다. 왜냐하면 인간에게는 과업에 대한 보상 심리가 있기 때문이다. 따라서 뒤돌아보지 않고 바라는 것 없이 홀가분하게 떠날 수 있다면 그것이 바로 명철보신의 경지라 말할 수 있다.

명철보신은 이처럼 군주에게 쓰는 말이 아니라, 군주를 보좌하여 대업을 이룬 재상이나 참모와 같은 이들에게 해당하는 말이었다. 죽음을 넘나드는 전장에서 전우이자 군신관계로 과업을 같이한 사이였지만 세상을 평정하고 나면 달라지는 경우가 허다했다. 과업이 완성되면 욕심이 생기고, 한 걸음도 아니고 딱 반 보만 더 내딛고 싶은 그 욕심이 생사를 가르기도 했다. 명철보신을 둘러싼 이런저런 해석들을 보면 결국 핵심은 진퇴, 특히 물러날 때를 아는 것이다. 진퇴는 예로부터 중요한 문제였다.

곤궁할 때는 그저 제 몸 하나 잘 돌보고, 영달할 때는 천하를

위해 노력한다. **35**

맹자는 뜻대로 되지 않아 곤궁에 처했을 때窮와 뜻대로 잘 풀릴 때達에 각기 달리 대처하라고 했다. 전자일 때는 상황이 여의치 않으니 억지로 하지 말고 조용히 물러나서 때를 기다리라는 말이고, 후자일 때는 상황이 유리하니 적극적으로 나아가 자신뿐 아니라 사회와 천하를 위해서 힘쓰라는 말이다. 세상사에는 굴곡과 부침이 있기 마련이니 상황에 맞게 유연하게 대응할 필요가 있다는 것이다. 이것을 궁달론窮達論이라고 한다. 궁窮, 즉 안 될 때는 기를 쓰고 해봐야 소용이 없다. 때가 아니기 때문에 의지만으로 돌파가 안 된다. 반면에 달達, 즉 될 때는 마치 기류를 타듯이 순조롭게 풀린다. 이때는 과감하게 적극적으로 나서야 한다. 세상에 치세와 난세가 있듯이 인생에도 상승과 하강이 있고 전진과 후퇴가 있다. 각자 인생에서 지금이 궁달과 진퇴 중 어느 때인지 아는 것이 그래서 중요하다.

때를 알아야 하는데 그 때를 모르는 것을 철부지라고 한다. 여기서 철이란, 때 또는 시절을 뜻하는 우리말이다. 제철 과일이라고 할 때의 그 철이다. 부지 不知는 한자어로 모른다는 뜻이다. 그래서 철부지는 지금이 나아가야 할 때인지 물러나야 할 때인지 모른다. 철부지인 상태로는 진퇴도 결정할 수 없고, 미련 없이 떠날 수도 없다. 따라서 '박수칠 때 떠나라', '떠나야 할 때가 언제인지 알고 떠나는 자의 뒷모습은 얼마나 아름다운가'라는 말도 때를 아는 것의 중요성을 내포한 말이고, 결국은 궁달론과 맥이 닿아 있다.

우리들 대부분은 살면서 앞서 언급한 나라와 역사를 위한 '과업'을 이룰 일이 거의 없을 것이다. 하지만 저마다의 삶에서 이루려는 자신만의 과업은 있다. 명철보신하게 미련 없이 떠나려면 우선은 과업을 달성해야 한다. 설혹 목표에 닿지 못하더라도 그 과정의 경험 자체가 큰 자산이 된다. 《시경》에 나온 재상의 명철보신을 오늘날 각자의 삶에 적용해보는 것은 어떨까?

* * *

덧붙여 명철보신 외에 우리는 간혹 보신주의保身主義라는 표현도 한다. 보신주의란 개인의 지위나 명예, 무사안일과 행복만을 추구하는 이기주의적인 경향이나 태도 또는 어떤 일에도 적극적으로 나서려 하지 않고 현 상태를 유지하는 데에 만족하면서 살려고 하는 태도다. '복지부동의 보신주의'라는 표현에서도 알 수 있듯이, 명철이라는 말이 빠진 채 보신주의라고 했을 때는 그리 긍정적인 뜻은 아니다. 보신주의라는 말은 명철보신과 달리 일신의 안위만을 중시하고 다른 가치를 폐기한 데서 나온 표현이다. 때를 알고 적절히 물러나는 것만큼 필요한 때에 나설 줄 아는 것도 무척 중요하다. 명철보신과 보신주의를 착각하지 않고, 자신과 타인 모두를 지키는 현명한 진퇴를 알고 실행해보자.

• 오늘의 고사성어

명철보신	明哲保身

明哲保身

현재 뜻	총명하여 자기 몸을 보전한다

본래 뜻	물러날 때와 나아갈 때를 알아야 한다

선견지명
先見之明

앞을 내다보는 지혜

자식에게 닥칠 화를 미리 제거하는 부모의 예견

'미래 사회에는 집안에서 물건을 사고 쇼핑도 할 수 있고, 대중 매체가 아닌 1인 미디어 시대가 도래할 것이다.'

　어린 시절 이런 얘기를 들을 때마다 나는 코웃음을 쳤었다. 내 생전에는 이런 일이 벌어지지 않겠지, 허황된 얘기를 참 실감 나게도 한다고 생각했다. 그런데 누군가가 예측했던 그런 시대가 너무도 정확하게 그리고 빨리 와버렸다. 코웃음쳤던 나와 달리 미래 사회를 주도한 사람들이 있었다는 이야기다. 앞으로는 사회 변화가 더욱 급격해질 것이라는 예측에 이제는 전적으로 동의할 수밖에 없다. 겪어 보니 알게 되었다. 상상한 만큼, 아니 상상한 것 이상으로 세상은 변화 중이다. 로봇과 인공지능이 보편화되고 인간의 쓸모에 대한 고민이 생긴다. 이러다 보니 향후 10년 내로 사라질 직업과 주목받을 직업, 그리고 오직 인간만이 할 수 있는 일은 무엇인가에 대한 이야기들도 많아졌다. 그리고 미래에 선제적으로 준비함으로써 남보다 우월한 입지를 선점하려고 한다. 앞날을 보는 눈, 즉 선견지명이 필요한 때다.

：　인간은 앞날이 알고 싶다　：

선견지명은 어떤 일이 일어나기 전에 미리 앞을 내다보고 아는 지혜를 말한다. 사회 변화가 빠른 시대일수록 선견지명의 가치는 빛나게 마련이고, 그래서 사람들은 선견지명을 갖추기 위해 지식을 습득하고 경험을 쌓고 통찰력을 발휘한다. 그러나 선견지명의 원뜻을 보면 현재의 뜻과 달라서 놀라게 될 뿐 아니라 앞을 미리 내다보는 것이 과연 항상 지혜로운 일인지 의구심도 품게 된다. 일화는 조조 曹操(155~220)와 그의 부하인 양수 楊修(175~219)의 이야기로 시작한다.

양수는 젊은 시절부터 발군의 재능과 총명함으로 항상 조조의 심중을 헤아릴 줄 알았고 후에는 조조의 사위가 되었다. 유비劉備와의 전쟁이 한창이던 때에 조조는 유비의 군대를 공격하기 위해 한중漢中 땅에 들어왔지만 다섯 달이 넘도록 별다른 성과를 내지 못하고 있었다. 진척 없이 대치 상태가 장기화되자 조조는 정황상 아직 시기가 무르익지 않았다고 판단했고, 출병出兵과 퇴각 사이에서 고심했다. 수하의 군대는 그의 결정만을 기다리고 있었다.

그러던 어느 날 부장部將인 하후돈夏侯惇(?~220)이 그날의 군대 암구호를 무엇으로 할 것인지 조조에게 물었는데, 마침 식사로 닭 요리를 먹고 있던 조조는 별다른 생각 없이 눈에 보이는 대로 '계륵鷄肋(닭의 갈비)'으로 하라고 명령했다. 암구호가 '계륵'이라는 말을 전해들은 양수는 곧 부하에게 출병 준비를 멈추라고 지시했다. 조조에게 직접 하명받은 것도 아니고 그저 암구호만 듣고 출병 준비를 멈추라고 한 양수를 본 하후돈은 어리둥절했다. 조조에게 직접 암구호를 지시받은 자신도 모르는 일을 양수는 어떻게 알았는지 의아해할 수밖에 없었다.

"대체 조조의 뜻이 출병인지 퇴각인지 어떻게 알고 멋대로 이런 지시를 내리는 것이오?"

"계륵이란 본디 맛은 없고 버리기엔 아까운 것 아닌가.

주공主公(조조)께서 오늘 밤 암구호를 계륵으로 정하신 것은

한중 땅을 비유한 것이다.

즉 한중은 계륵처럼 더 이상 가치가 없는 땅이라고 판단하

신 것이오."**36**

조조는 결국 한중 땅에서 철수했고, 매일 바뀌는 암구호를 통해서 조조의 전략마저 꿰뚫어 본 양수의 예상은 적중했다. 그러나 남을 잘 믿지 못하고 의심이 많았던 조조는, 이 사실을 알고 군대를 혼란하게 했다는 죄를 씌워 양수를 죽이고 말았다. 조조가 양수를 죽인 이유에 대해서는 여러 가지 설이 전해진다. 양수의 총명함이 훗날 자신에게 해가 될까 염려했다는 설이 있고, 양수가 조조의 아들 중 후계자로 삼은 조비曹丕가 아닌 다른 아들 조식曹植과 가까이 지냈기 때문이라는 설도 있다. 또 양수가 원술袁術의 조카이자 명문가 자손이라는 배경을 업고 변심하면 조조에게 위협적인 존재가 될 것이라 생각했기 때문이라는 주장도 있다. 진짜 이유가 무엇이었든 조조에게 양수라는 존재는 더 이상 믿을 수 있는 부하가 아니라 제거해야 할 대상이 되어버렸다. 양수에게는

모시는 주군이 뱉은 단어 하나로 심중까지 헤아렸던 총명함과 눈치가 있었다. 이 정도면 양수는 아마 조조 자신보다 조조를 더 잘 알고 있었는지도 모른다.

: 비범한 재주 탓에 죽임을 당하다 :

양수의 아버지 양표 楊彪(142~225)는 아들의 죽음으로 비통에 빠졌다. 후에 조조가 양표를 만나게 되었는데 양표가 부쩍 수척해진 것을 보고 무슨 일이 있냐고 물었다. 양표에게는 참으로 매정하고 황당한 질문이었다. 똑똑하고 충정 깊었던 아들에게 죄를 뒤집어씌워 죽인 조조에게 깊은 타격을 안겨줄 대답이 필요했다. 양표는 이렇게 답했다.

> "한 무제 武帝의 충신인 김일제 金日磾에게는 아들이 있었습니다.
> 평소 무제 앞에서 행실이 좋지 않았던 아들의 부덕不德이 훗날 화가 될까 두려워서 김일제는 아들을 제 손으로 죽였습니다.

저는 김일제처럼 미리 내다보는 지혜先見之明는 없고

그저 늙은 소가 송아지를 핥듯이老牛舐犢 자식을 사랑하는 부

모의 마음만 있을 뿐입니다."**37**

부드럽지만 진심이 담긴 이 말을 들은 조조는 부끄러움을 느

꼈다.

양표가 조조 앞에서 말한 선견지명에는 아들을 죽인 조조를

향한 원망과 함께 조조의 좁은 도량에 대한 비아냥도 묻어난다.

또한 내 아들을 지키지 못한 안타까움과 애통함을 덮으려면 아들

을 제 손으로 죽였던 김일제처럼 경악스러운 짓을 저질러야 했던

가라는 물음도 들어 있다.

이 이야기에서 비롯된 선견지명은 '자식에게 닥칠 화를 미리

제거하는 부모의 용단'이라는 뜻이다. 더구나 양표가 예로 든 김

일제의 경우는 미처 도래하지 않은 재앙을 대비하기 위해서 자식

을 죽인 것이니, 참혹하기 그지없다. 양표는 김일제처럼 사전에

대비하지 못한 자신을 자책했지만 이 세상 모든 부모는 선견지명

의 김일제가 아니라 노우지독의 양표에 가깝다. 자식의 부족함을

자식의 목숨과 맞바꿀 부모가 어디 있단 말인가. 그렇다면 김일

제는 대체 왜 아들을 죽였을까.

: 큰 화를 예견한 아버지 :

김일제(기원전 134~86)는 흉노족 휴저왕 休屠王의 태자였는데 한나
라에 포로로 잡혀 온 인물이었다. 한나라 왕실에서 말을 기르는
노예로 지내다가 무제의 눈에 띄게 되었고, 결국은 투항하여 마
감馬監이라는 관직도 받았다. 후에는 무제 암살 계획을 미리 알아
채고 막아낸 공을 인정받아 높은 관직과 하사금을 받았으며, 항
상 무제의 곁을 지키며 한의 신하로 지내다가 여생을 마쳤다. 무
제는 김일제뿐 아니라 그의 두 아들도 총애했다. 어린 두 아들이
황궁에서 무제의 귀여움을 받으며 생활했다고 하니, 김일제 부자
를 향한 무제의 애정과 신뢰가 얼마나 두터웠는지 알 수 있다.

그런데 하루는 두 아이가 여느 때처럼 장난치고 놀다가 무제
의 등 뒤에서 무제의 목을 끌어안는 장면을 보고 김일제는 소스
라치게 놀랐다. 그는 아무리 귀여움을 받는다 해도 이는 분명 법
도에 어긋난 과한 행동이라고 생각하여 아이들에게 크게 화를 냈
다. 그러나 이를 본 무제는 왜 화를 내냐면서 되레 김일제를 나무
랐다. 중요한 사건은 아들들이 장성한 후에 일어났다. 어느 날 김
일제가 성년이 된 장남이 궁에서 궁녀와 노닥거리는 것을 보게
되었다. 그냥 두었다가는 필히 큰 화를 자초할 것이라 판단하고

그는 장남을 죽였다. 무제가 이 사실을 알고 대노하자 김일제는 아들을 죽일 수밖에 없었던 상황을 고해바쳤고 무제는 상심의 눈물을 흘렸다. 그리고 이 일을 계기로 김일제를 더욱 신임하게 되었다.《한서 漢書》에는 궁녀와 '노닥거렸다 戲'라는 한 글자만 기록되어서 아들이 구체적으로 무슨 행동을 했는지 알 수는 없지만 궁내의 모든 여인들은 황제의 여인이었기 때문에 다른 남성이 가까이할 수 없었다. 때문에 김일제가 보기에 제아무리 황제의 총애를 받는 아들이라 할지라도 틀림없이 용서받지 못할 것이라 생각한 것이었다.

: 자식을 죽인 아비는 잔혹하다 :

김일제가 이런 극단적인 행위를 한 것은 적국인 흉노 출신으로서 한 왕실에서 살아남기 위해서였는지도 모른다. 설령 그렇다 해도 김일제는 제 손으로 아들을 죽인 잔혹한 인물임은 틀림없다. 그러나 중국의 역사서는 대대손손 충신 忠臣의 집안으로 높게 평가했다. 이민족이 귀화하여 봉록과 시호까지 받은 모범적인 사례로 들기에 적합했기 때문이다.

김일제는 품행이 바르지 못한 자식의 죽음을 미리 내다보았고 미연에 방지하기 위해서 자식을 죽였다. 선견지명은 여기에서 나온 말이다. 부모의 마음보다 신하의 마음이 더 컸던 것일까. 아들이 아무것도 모른 채 무제의 목을 잡고 놀던 어린 시절부터 행실을 바르게 가르쳤다면, 또는 성인이 된 후에라도 어른으로서 해야 할 행동과 해서는 안 될 행동을 가르쳤다면 그것이 진정한 선견지명은 아닐는지.

***

못난 아들을 둔 김일제와 잘난 아들을 둔 양표, 그들은 결국 둘 다 아들을 잃었다. 양표는 김일제에게 선견지명이 있다고 말했지만, 정작 선견지명은 계륵이라는 단어 하나로 철군을 예견한 양수에게 있었다. 그리고 아이러니하게도 조조 손에 죽게 될 것을 내다보지 못한 양수에게 선견지명은 없었다. 양수는 자신의 앞날은 알지 못했다. 제 일신의 앞날도 전혀 내다보지 못하는 인간에게 다가올 미래와 시대를 예견하는 선견지명이란 애초에 어불성설일지도 모른다.

현재 우리는 선견지명을 긍정적인 의미로 쓰고 있지만, 출전에 근거한 원뜻은 사뭇 다르다. 세월의 격차만큼 의미에서도 많은 변화가 있었다. 비극을 부른 김일제와 양수의 선견지명이 아

앞을 내다보는 것은 항상 지혜로운가?

닌, 삶을 지키는 선견지명을 가지려면 과연 어떤 마음의 눈이 필요할까?

• 오늘의 고사성어

선견지명	先見之明
	先見之明

현재 뜻	앞을 내다보는 지혜

본래 뜻	자식에게 닥칠 화를 미리 제거하는 부모의 예견

식자우환 識字憂患

아는 게 병이다

글을 읽는 여자가 뜻밖의 화를 부르다

식자우환은 글을 아는 것이 우환이라는 뜻이다. '아는 게 병이다', '모르는 게 약이다'의 한자 버전이라 하겠다. 아는 게 병인 채로 살지 모르는 게 약인 채로 살지는 전적으로 개인의 선택의 문제다. 무언가를 알게 돼서 괴로운 것과 아무것도 몰라서 탈 없는 것, 어느 쪽을 택하겠는가. 반대로 '아는 것이 힘'이기도 한데, 글을 아는 것이 어째서 우환이 되어버린 것일까.

삼국시대 조조의 지략가 중에 서서(170?~234?)가 있었다. 서서는 원래 조조의 휘하에 있었다가 유비에게 투항해 온 인물이었는데, 조조와 유비가 신야新野에서 전투를 할 때 유비가 승리할 수 있도록 큰 활약을 했다. 이 전투를 계기로 유비에게는 큰 힘이 되었지만 조조에게는 아깝게 놓친 얄미운 물고기 같은 존재가 되고 말았다. 신야의 전투를 계기로 유비는 서서를 확실히 신임하게 되었고, 그를 중요한 책사策士로 삼았다.

반면에 조조는 서서를 되찾아오고 싶어 했다. 서서의 돌아선 마음을 어떻게 되돌릴까 생각하던 중에, 서서가 효자로 이름이 났으니 그의 어머니를 볼모로 잡아서 협박해보기로 했다. 그러나 이 계획은 조조의 뜻대로 되지 않았다. 학식이 높고 의기가 있었던 서서의 어머니는 조조에게 잡혀왔어도 아들에게 내 걱정은 말고 기왕에 유비에게 간 이상 거기서 주군을 잘 섬기라는 말을 남겼기 때문이다. 어머니가 예상 외로 강경하게 대응하는 바람에 계획에 차질이 생기자 조조 측에서는 다른 아이디어를 내었다.

: 위조된 어머니의 편지 :

그것은 아들에게 보내는 어머니의 편지를 가로채서 그 필체를 모방해 가짜 편지를 쓰는 것이었다. 조조에게 돌아오라는 내용으로 꾸미면 서서의 마음을 돌릴 수 있으리라 본 것이다. 어머니의 필체를 본다면 가짜 편지일 줄을 꿈에도 모를 테니 이번에는 성공할 것으로 판단했다. 위조된 편지에는 이렇게 쓰여 있었다.

아들아, 나는 조조의 도움을 받으면서 잘 지내고 있으니 너도 이곳으로 돌아오거라.

모친의 글이 당연히 진짜인 줄 알았던 서서는 눈물을 흘렸다. 어머니가 나 때문에 조조에게 잡힌 신세이고, 어머니를 살리려면 다시 조조에게 돌아가야 하기 때문이었다. 결국 통한의 눈물을 흘리면서 유비를 등지고 다시 조조에게로 돌아갔다. 위조된 편지가 먹혀든 것이다. 떠나면서 그는 유비에게 제갈량諸葛亮을 추천했고, 알다시피 유비와 제갈량의 만남으로 역사는 천하삼분天下三分의 시대를 맞게 되었다. 자신은 유비를 떠나지만 자신보다 훨씬 뛰어난 그러나 재야에 묻혀 농사짓던 청년 제갈량을 세상 밖으로 나오게 하면서 서서는 유비에 대한 충정을 대신했다.

아들이 편지를 들고 돌아온 것을 본 어머니는 깜짝 놀랐다. 자초지종을 듣고 나서 이 모든 것이 조조의 계략임을 알게 된 어머니는 참담했다. 아들이 조조에게 돌아온 것은 '밝음을 버리고

"여자가 글을 아는 것이
우환이구나!"

어두움을 찾아온 것'이라면서 자신이 아들의 앞날을 망쳤다고 탄식했다. 그리고 이 일련의 사태가 모두 편지를 둘러싸고 벌어진 것이기에 이런 말을 남겼다.

여자가 글을 아는 것이 우환이구나女子識字憂患.

어머니는 이 일의 발단이 자신이 글을 읽을 줄 알았기 때문이라고 단정했다. 서서의 어머니가 '여자식자우환'이라고 한 것은, 다른 평범한 여자들처럼 글을 몰랐다면 편지가 오갈 일도 없었을 것이고 필체 위조 따위의 함정도 없었을 것이라는 뜻이다. 여자임에도 글을 안다는 것이 평소에는 자부심이었을 수도 있다. 그러나 글을 안다는 남다른 재능으로 인해서 자식을 그르쳤다는 판단이 들자, 자부심도 재능도 아닌 우환이라고 통탄한 것이다. 봉건시대에는 많이 배우고 개명한 사람들이 시대를 앞서가는 선구자 역할을 했지만 이렇게 난데없이 봉변을 당하기도 했다. 만일 어머니가 글을 몰랐다면 그렇다고 조조가 서서를 포기했을까. 어머니의 판단처럼 가짜 편지만 아니었다면 서서는 유비 밑에 그대로 있었을까. 조조는 아마 편지 위조가 아닌 다른 방법을 써서라도 두 모자를 곤경에 빠뜨릴 수도 있었을 것이다.

: 그 시대, 여성이 글을 읽는다는 것 :

그 옛날 글자를 아는 사람, 즉 식자의 비율은 전체 인구 중에 아주 적었다. 글을 안다는 것이 지식과 정보를 습득하는 거의 유일한 수단이었던 시대이므로, 글을 안다는 것 자체가 일종의 권력이었다. 권력은 지식이 대중화되거나 분산되는 것을 원치 않는다. 게다가 그 권력이 여성의 손에 쥐어지는 것은 더더욱 원치 않았다. 대중들이 혹은 여성들이 글을 알고 책을 읽고 사고가 깊어지면서 독자적인 판단이 가능해지는 것을 반기는 시대가 결코 아니었다.

여자식자우환을 풀어보면 대략 '책 읽는 여성은 위험하다'가 될 것이다. 이런 생각은 중국뿐 아니라 서양에도 물론 오랜 기간 있었다. 여성이 책을 통해서 주체성과 판단력을 강화하는 것에 두려움을 느꼈던 남성들이 어떻게든 여성이 똑똑해지는 것을 막으려 했던 때가 있었다. 그러나 어쩌겠는가, 이미 강을 건너왔듯 글을 모르던 때로 돌아갈 수 없는 것을. 그리고 여성도 글을 배워야 한다는 것이 시대의 흐름이 되면서 인류는 새로운 장으로 진입한 것을. 여자식자우환이라는 말은 여자가 글을 아는 것의 위험성을 나타냈지만, 지금은 여자라는 말은 빼고 뒤의 네 자만을 성어로 쓰면서 뜻은 더 확대되었다. 그러나 원래는 아들의 잘못된 상황 판단에 원인을 제공했다고 생각한 어머니의 후회 가득한 표현이었다.

그리고 세월이 많이 지난 후에 '아는 것이 병'은 여자뿐 아니라 남녀불문 모든 사람에게 해당된다고 한 사람이 있다. 소식蘇軾 (1036~1102)은 송나라 시대 사람으로 호號가 동파東坡여서 소동 파로 널리 알려진 인물이다. 그는 시에서 이렇게 말한 적이 있다.

인생의 우환은 글을 아는 데서 시작되니,

이름을 대충 쓸 줄 알면 글 읽기를 그만두어도 되지.

어째서 초서를 배워 빨리 멋있게 쓴다고 자랑하는가,

책을 펼치면 당혹스러워 걱정만 생긴다.**38**

여기서 초서草書란 중국 고대의 글씨체 중의 하나다. 초서는 필획을 생략하거나 간략화해서 쓰기 때문에 반듯하게 쓴 정자와 달리 무슨 글자인지 알아보기가 어렵다. 간신히 알아보았다 해도 이름난 서예가들마다 필법이 제각기 달라서 전문적인 공부가 필 요한 것이다. 글자 공부의 최고 난이도라고 봐도 무방하다. 따라 서 초서는 대충 쓴 이름 석 자와 대비가 된다. 소식의 식자우환은 성별을 떠나 이제 인생 보편의 문제가 되었다.

: 인식의 확대는 때로는 괴로움이다 :

소식은 송대뿐 아니라 중국 역사 전체를 통틀어서도 석학이자 천재로 꼽히는 인물이다. 그런 그가 책을 펴는 순간부터 걱정거리가 생긴다고 한 것을 보면 많이 아는 것이 꼭 좋은 것만은 아닌 듯도 하다. "무엇이든 알수록 득이 되면 되었지, 해가 될 수 있을까"라고 반문할 수도 있다. 소식이 지적하고 싶었던 것은, 몰라도 되는 것까지 알았을 때의 괴로움이 아닐까. 책에서 얻은 지식만이 아니라 간단한 정보나 사실을 알게 되면서 곤란에 빠지는 일도 있으니 말이다. 모르고 지나갔다면 더 좋은 일들도 있다. 특히 남들은 아직 모르는 사실을 먼저 알게 되었을 때, 이것을 혼자만 알고 있어야 할지 아니면 주변에 알려야 할지로 고민이라면 이 또한 안 해도 될 걱정거리가 된다. 인식의 확대는 때로 고통을 수반한다.

그렇다면 소식의 말대로 이름만 쓸 정도로 살 것인가. 그렇게 살고 싶어도 요즘은 지식과 정보의 홍수 시대라 모르려야 모를 수가 없게 되어 버렸다. 게다가 이름 쓸 줄 알게 되면 다른 것도 알고 싶은 것이 인간의 호기심이고 능력이며, 식자로 인한 우환을 겪으면서 전에 없던 새로운 변화나 발전도 이룰 수 있다. 우환이 두려워서 식자를 스스로 제한한다면 같은 자리에 머물거나 퇴보할 수 있다. 여자식자우환에서 소식의 인생식자우환에 이르기까지 인류는 아는 것과 모르는 것 사이에서 많은 일을 겪어왔다. 아는 것이 때로는 화를 부르기도 한다. 하지만 아는 사람은 앞으로 나아갈 수 있다. 아는 게 병이 되지 않는 사회를 이루기 위해 우리에게는 어떤 노력이 필요할까?

• 오늘의 고사성어

식자우환	識字憂患

識字憂患

현재 뜻	아는 게 병이다

본래 뜻	글을 읽는 여자가 뜻밖의 화를 부르다

점입가경

漸入佳境

시간이 지날수록 상황이 심각해진다

남다른 방식으로 뛰어난 경지에 이르다

먹방, MUKBANG. 이 단어를 검색해보면 한국어는 물론이고 영어로도 뜻풀이가 나온다. 먹방이 TV나 유튜브를 잠식한 지 오래되었지만, 솔직히 먹방을 여전히 이해하지 못하는 나 같은 사람은 천편일률적인 이런 방송에 지겨움을 넘어선 지도 한참 되었다. 우리 사회가 특히 젊은 세대가 왜 이렇게 먹방에 빠져 있는지를 사회심리학적으로 분석한 글까지 찾아 읽어가며 나만 동참 못하는 듯한 이 현상을 이해해보려고도 했지만, 여전히 나에게는 어렵다. 그러나 내가 이해 안 된다고 해서 엄연히 존재하는 사실이 없어지는 것도 아니기 때문에 그럭저럭 대략적인 흐름 정도는 알고 있으려 한다. 먹방과 더불어 요리를 다루는 채널도 많다. 이런 채널을 좀 보다 보니, 음식을 즐기는 사람들은 같은 음식이라도 어떻게 하면 먹는 즐거움을 더 높일 수 있을지를 많이 연구한다는 것도 알게 되었다. 그들은 음식 조합도 따지고 식감과 맛도 따져가면서 전에 없는 새로운 방식을 찾아내며, 그 결과를 SNS나 미디어를 통해서 공유하기도 한다. 그리고 왜 이렇게 먹느냐고 물으면 그들은 한결같이 "이렇게 먹으면 더 맛있다"고 답한다. 맛과 요리와 음식에 진심인 사람들이다.

점입가경은 '들어갈수록 점점 재미가 있다'와 '시간이 지날수록 하는 짓이나 몰골이 더욱 꼴불견이다'라는 두 가지 뜻이 있다. 두 번째 뜻은 현대에 추가된 것으로 대상을 비유적으로 비꼴 때에 사용한다. 원래의 뜻인 첫 번째 뜻은 중국 유명 화가의 식습관에서 나온 말이다.

고개지顧愷之(약 344~409년)는 동진東晉의 화가다. 그는 회화의 대가일 뿐 아니라《화론畫論》이라는 회화 이론서도 남겼는데, 이 책은 중국 예술사에 매우 중요한 의미와 영향을 갖는다. 창작과 이론에 모두 정통했던 고개지는 특히 인물의 초상화를 많이 남겼는데, 사람의 개성과 특징을 생생하게 묘사한 것으로 유명하다.

그러나 고개지가 했던 다음 말을 보면 인물화의 대가에게도 초상화 그리기는 그리 만만하지 않았던 것 같다.

그림 중에 그리기 가장 어려운 것은 사람이고,

그 다음은 산수 山水이고,

그 다음이 개와 말이다. **39**

고개지는 그리기에 가장 쉬운 것이 동물이라고 했다. 동물은 형체만으로도 식별 가능하기 때문에 생김새가 비슷하면 금세 알아볼 수 있다. 그 다음이 산수인데, 같은 자연 풍경이라 해도 산의 기세나 물의 기운을 어떻게 표현하느냐에 따라 다른 그림이 되기 때문이다. 그리고 제일 어려운 것이 바로 사람이다. 사람의 특징은 이목구비의 생김새 이외에 자세, 몸짓, 표정, 눈빛 등으로 드러나는데 핵심을 포착해서 그리는 것이 관건이므로, 눈빛을 선하게 악하게 날카롭게 부드럽게 그렸는가에 따라서 완전히 다른 인물이 되기도 한다. 그 사람 고유의 개성을 결정짓는 것은 생김새 이외의 것에 있다. 눈코입의 생김새를 뚫고 나오는 정수이자 핵심이 화폭에 나타나야 하기 때문에, 화가에게는 미세한 관찰력과 표현력이 모두 필요하다. 고개지가 인물화를 그릴 때 가장 중시하고 어려워했던 부분이 바로 눈이었다. '눈은 영혼의 창'이라는 말처럼 고개지도 눈빛에 바로 그 사람이 모든 것이 담겨 있다고 보았다. 고개지의 이 말은 중국 회화에서 너무도 유명한 말이 되었다.

고개지는 회화뿐 아니라 문학과 서예에도 뛰어났다. 그래서 사람들은 그를 재절才絶·화절畵絶·치절痴絶의 삼절三絶이라 불렀다. 재절은 재능이 출중하다는 것이고 화절은 그림에서 출중하다는 것이다. 그리고 치절의 '치'는 '어리석다' 또는 '미치광이'라는 뜻인데, 치절이라고 불렀던 것은 그의 성격이 보통 사람과 달리 독특한 면이 있었기 때문이다. 고개지의 특이한 언행에 관련한 일화가 여럿 전해지는데, 그중 하나가 점입가경과 관련이 있다.

: 사탕수수 먹는 방법 :

비범한 면이 많았던 그는 사탕수수를 즐겨 먹었다. 당시 사람들은 사탕수수를 먹을 때 보통 뿌리부터 시작해서 줄기를 먹고, 그 다음에 끝부분의 순서로 먹었다. 뿌리 쪽에서 단맛이 강하게 나기 때문에 맛있는 부분을 처음에 먹기 위해서였다. 그리고 단맛

남들과는 다르게!
독창적으로!

을 먼저 맛보았기 때문에 먹다가 달지 않은 부분이 나오면 맛이 없어서 그냥 버리곤 했다. 이것이 일반적인 사탕수수를 먹는 방법이었다. 그런데 고개지는 이와 반대로 끝부분부터 시작해서 줄기를 먹고 마지막에 뿌리 부분을 먹었다. 단맛이 약한 부분에서 시작해서 마지막에 제일 단맛을 볼 수 있는 순서였다. 남들과는 반대 방향으로 먹는 것을 의아하게 여긴 친구가 그 이유를 물었더니 고개지가 답을 했다.

이렇게 먹어야 점점 단맛이 강해진다.[40]

고개지는 단지 먹는 순서를 반대로 했을 뿐이지만 먹을수록 단맛을 느낄 수 있을 뿐 아니라 끝까지 달게 먹을 수 있었고, 버리는 부분도 줄일 수 있었다. 단맛을 점점 강하게 즐겼던 것이다. 맛있는 부분을 먼저 먹느냐 나중에 먹느냐는 지극히 개인적인 결정이고 그저 사탕수수를 맛있게 먹는 방식일 뿐 아니냐고 할 수도 있지만, 음식 맛을 보는 것도 남들처럼, 관습대로가 아니라 자신의 방식을 찾거나 남들과 정반대의 방식을 시도하고 음미한 것이다. 사탕수수를 먹는 회화의 대가에게서 눈여겨볼 것은 익숙하고 평범한 것에서 벗어나 낯설지만 독특한 방식을 시도했다는 점이다. 도전 정신은 똑같은 사탕수수에서도 새로운 맛을 만들어낸다.

맛뿐 아니라 어떤 상황 특히 재미의 측면에서는 그 강도가 약한 것에서부터 점점 강해지는 것이 좋지, 거꾸로가 되면 흥미가 떨어진다. 인간의 뇌가 담백한 맛에서 자극적인 맛으로, 무덤덤한 재미에서 짜릿한 재미로 가야 온전히 그 모든 것을 즐길 수 있으니 말이다. 결국 맛과 재미는 강도의 배열에 따라서 그 기쁨도 달라진다.

앞에서 말한 음식과 요리에 진심인 사람들의 "이렇게 먹으면 더 맛있다"는 말과 고개지의 대답은 완전히 일치한다. 같은 상황에서 더 좋은 것, 더 맛있는 것, 최상의 것을 찾아내려는 시도의 결과인 셈이다. 점입가경의 현대판이라 해도 될 만큼 그들은 자신만의 방식으로 사탕수수의 맛을 즐기는 사람들이다.

: 일상을 예술적으로 즐기는 법 :

고개지가 말한 점입가경을 직역하면 '점점 뛰어난 경지로 들어간다'는 뜻이다. '경境'이란 경지나 수준을 말하는데 예술 표현에서 자주 쓰인다. 고개지가 사탕수수의 맛을 예술의 경지로 표현한 것은, 음식 맛으로 예술을 감상하고 비평하는 중국의 전통과 관련이 있다. 예술 비평을 할 때 '품평品評'이라는 표현을 한다. 여기서 '품品'은 사람의 입口이 세 개 있는 글자로 고대의 원뜻은 '많다'라는 원뜻을 가지고 있다. 많은 것들을 분별해내고 수준의 고하를 가려낸다는 뜻으로 확장되어, 사물의 등급이나 우열을 구별한다는 뜻이 생겨났다. 또한 음식의 맛을 표현할 때도 품 자를 썼다. 차를 마시고 음미하며 차의 등급을 나누는 것을 품차品茶라고 한다. 그리고 '일품요리', '그 작품은 일품一品이다', '솜씨가 일품이다'라고 할 때도 이 품 자의 뜻이 살아난다.

음식의 맛에서 시작한 품 자는 후에 분별의 대상이 점차 확대되어서 사람의 인품이나 수양의 정도를 나눌 때에도 쓰였다. 고개지가 살았던 위진대에는 인물 품평이 성행했다. 인물을 아홉 등급으로 나누어서 평하는 구품중정제가 있었는데, 이것으로 관리의 품계를 나누었다. 역시 같은 위진대의 《시품詩品》이라는 시 비평서에서는 역대의 시를 아홉 등급으로 나누어서 수록했다. 이렇게 품 자는 맛의 표현에 국한된 것이 아니라 사회제도와 작품 감상과 비평에 이르기까지 두루 쓰였다.

중국에서는 음식을 먹는 일상적 행위와 아름다움을 감상하는 예술적 행위를 별개의 것으로 보지 않고, 미각 표현을 예술 비평에 사용했다. 일상이 곧 예술이 되므로 이 자체로 멋스럽다. 회화의 최고 경지에 오른 고개지 역시 창작 행위와 사탕수수 먹기를 동일선상에서 즐겼다. 점입가경이라는 표현도 이런 수준에 올랐기에 가능하다. 그리고 무엇보다 사탕수수나 예술이나 남과 다른 시각과 방법을 통해서 진정한 맛과 멋에 이를 수 있다는 점도 시사해준다. 그래서 삼절 중에 재절이나 화절보다 치절이 가장 얻기 어려운 별칭이다. 언행이 독특하기만 해서는 한낱 미치광이라는 비웃음을 살 수 있지만, 특이한 언행이 남과 다른 새로운 것을 만들어낸다면 그리고 그것이 예전의 것보다 좋다면 세상은 그를 창의적인 사람으로 바라보기 때문이다.

경쟁 사회에서는 남보다 잘하기를, 뛰어나기를 강요한다. 이것은 남과 같은 길에서 남과 같은 방식으로 하되, 잘하고 뛰어나라는 뜻이다. 이게 쉬운가. 세상에는 잘난 사람들도 많고, 이들을 넘어서기란 쉽지 않다. 그러나 남과 다르게는 해봄직하다. 죄다 한 방향으로 질주하는 중에 잘하고 뛰어나게 되는 것보다, 방향을 좀 틀어보는 다르게의 방식이 훨씬 즐겁다. 같은 것을 두고도 다르게 되려면 시도를 해봐야 한다. 다르게가 곧 창의성이다. 고개지도 남다른 시도를 해보고 자신만의 맛을 찾아냈다. '한번 해본다'는 것이 이렇게 중요하다. 우리는 모두 습관의 노예다. 개인의 습성과 사회의 관습에 묶여 있는 존재라서 다르게가 잘 안 된다. 그럼에도 불구하고 잘하기보다는 다르게 해보자. 작고 사소한 것이라도 다르게 하다 보면 나만의 것을 찾아낼 수 있고 생활이 조금씩 즐거워진다.

• 오늘의 고사성어

점입가경	漸入佳境

漸入佳境

현재 뜻	시간이 지날수록 상황이 심각해진다

본래 뜻	남다른 방식으로 뛰어난 경지에 이르다

寸鐵殺人

촌철살인

간단한 말로 핵심을 찌르다

머릿속의 상념을 끊어내는 수양의 한 마디

유독 말솜씨가 좋은 사람들이 있다. 공자는 번지르르한 말을 하는 사람 중에는 어진 사람이 드물다고 했지만巧言令色, 鮮矣仁(《논어》의 〈학이 學而〉 편), 사실 재미있고 설득력 있는 말이 주는 즐거움도 크다. 게다가 장황한 말보다 의표를 찌르는 짧은 한두 마디는 깊은 여운을 남긴다.

촌철살인은 한 치의 쇠붙이로도 사람을 죽일 수 있다는 뜻으로, 간단한 말로도 남을 감동하게 하거나 남의 약점을 찌를 수 있다는 말이다. 쇠붙이로 사람을 죽일 수 있다고 했으니 말의 날카로움과 정확성이 강조된 표현이다. 여기서 촌寸은 '한 치'라고 하는 길이인데, 우리말로 '마디'라고 뜻풀이하기 때문에 통상 손가락 한 마디의 길이로 오해하기 쉽다. 그러나 한 치란 손가락 하나의 좌우 폭을 나타내는 크기다. 촌은 의사가 환자를 진맥할 때 손목에서부터 손가락 하나의 폭을 띄운 위치에 맥을 짚은 데서 나온 글자다. 결국 한 치란 손가락 하나의 폭에 해당하는 작은 크기를 나타낸다.

이처럼 작은 쇠붙이인 촌철寸鐵로 사람을 죽이려면 급소를 정확하게 겨누어서 단번에 살인에 이르게 해야 할 것이다. 말도 이와 마찬가지다. '촌철살인의 표현이다'라는 것은 날카롭고 정확한 짧은 한 마디 말이 마치 사람을 죽일 정도로 힘이 있다는 의미다. 백만 마디 천만 마디의 장황한 말보다 핵심적인 한 마디 말의 힘은 크다. 또 그 영향력이 큰 만큼 촌철살인의 표현을 하는 것도 어렵다. 간단한 말로 핵심을 찌르는 능력은 단기간에 기를 수 있는 것이 아니기 때문이다. 그렇다면 촌철살인은 지금 우리가 사용하는 것처럼 단지 말의 힘을 강조하기 위한 표현일까. 이 성어가 기록된 문장을 먼저 보기로 하자.

: 말의 힘, 말의 무게 :

어떤 사람이 수레 한 가득 병기를 싣고 와서 그중 하나를 꺼내서 던지고 다시 또 하나를 꺼내서 던지지만 그렇게 해도 사람을 죽이지 못한다. 그러나 나는 단지 한 치의 쇠붙이만으로도 사람을 죽일 수 있다. **41**

이 구절만 보면 마치 살인의 기술을 전수하는 글처럼 보인다. 게다가 '살인 수단'이라는 항목에 수록되었으니 더욱 그렇다. 그러나 이 글은 송宋나라 임제종臨濟宗의 선승禪僧인 대혜선사大慧禪師 종고宗杲가 한 말이다. 이름 높은 승려였던 대혜선사는 찾아온 손님과 대화를 주고받으면서 상대에게 종교적 깨달음의 실마리를 주곤 했는데, 촌철살인도 그런 대화 중에 나온 표현이다.

여기서 살인은 그저 비유일 뿐이고 실상은 마음에 생겨나는 잡념이나 망상을 끊어낸다는 것이다. 잡념이나 망상은 깨달음에 방해가 되는데 심하면 살인에 빗댈 만큼 극단적으로 없애야 하는 것임을 뜻한다. 수레 한가득 담긴 병기는 수양과 깨달음에 방해가 되는 장애를 제거하는 방법을 말한다. 깨달음에 이르기 위해서 이 방법도 써보고 저 방법도 써보지만 사람을 죽이지 못한다,

즉 일체가 소용이 없다. 깨달음을 향한 마음만 다급해져서 이것 저것 되는 대로 방법을 동원하는 꼴이다. 이런 상태에서는 날카로운 병기를 수없이 던져본들 전혀 먹혀들지가 않는다. 왜 그런가. 핵심에 이르지 못했기 때문이다.

: 방법은 바깥이 아닌 내부에 있다 :

반면에 집중해서 핵심을 파악한다면 단 한 치의 쇠붙이로도 정확하게 목표물을 명중시킬 수 있다. 촌철살인에서 죽이는 대상은 마음속 상념이다. 머릿속에 피어나는 온갖 생각을 다 끊어내야 한다. 상념이 다 사라지고 마음을 비운 상태, 이게 쉽지가 않다. 보통 머릿속이 복잡할 때는 아무 생각 말라고 하지만, 잘 안 된다. 오죽하면 '멍 때리기'라는 말이 다 생겼을까. 촌철살인은 단순한 말재주가 아니다. 깨달음에 이르려는 조급함을 내려놓고 생각을 다 걷어내고, 그래도 자꾸 움찔거리는 상념의 싹을 단호하게 끊어내라는 것이다. 결국 무기를 던지는 대상은 남이 아니라 자신이며, 말이 겨누고 있는 대상도 남이 아니라 자신이다. 모두 나를 향해 내가 해야 하는 것들이다. 촌철살인은 단지 말의 힘을 강조한 것일 뿐 아니라, 종교적 수련과 깨달음에 관한 표현이다.

하지만 굳이 종교를 논하지 않더라도 촌철살인을 일상에 적용해본다면, '자신에게 던지는 경구' 정도가 될 것이다. 진부한 말에는 각성 효과가 별로 없다. 마음과 정신이 다소 느슨해졌을 때 얼음물을 끼얹듯이 각성시키는 한 마디의 말. 잡념을 물리치고 정신이 번쩍 들게 하는 말은 남의 입이 아니라 내 입에서 나올 때에 더 강력하다. 말이나 깨달음이나 중요한 것은 양이 아니라 정확성이고, 말이나 깨달음이나 그 시작과 끝은 각자의 내면에 있다.

• 오늘의 고사성어

촌철살인	寸鐵殺人

寸鐵殺人

현재 뜻	간단한 말로 핵심을 찌르다

본래 뜻	머릿속의 상념을 끊어내는 수양의 한 마디

- 一字千金

- 讀書亡羊

- 鐵面皮

- 馬耳東風

4장

어지러운 세상에서 중심 잡기

• 汗牛充棟

독서망양

讀書亡羊

독서에 빠져서 양을 잃다

독서나 노름이나 양을 잃기는 매한가지다

오후의 카페, 핸드폰을 들여다보는 사람들. 그저 백색소음이라 넘길 수도 있겠지만, 귀 기울여 보면 꽤 시끄러운 편인데도 다들 각자의 업무에 집중하고 있다. 무언가에 몰입하면 주변은 다 사라지고, 오로지 빠져든 대상과 나만 존재한다. 그러다 간혹 다른 것을 놓치기도 한다.

독서망양은 글을 읽는 데 정신이 팔려서 풀 먹이고 있던 양을 잃었다는 뜻으로, 하는 일에는 뜻이 없고 다른 생각만 하다가 낭패를 본다는 말이다. 글을 읽는 데 정신이 팔렸으니, 가히 독서삼

매讀書三昧의 경지라 하겠다. 독서를 권장하기로는 부모와 선생이 으뜸일 것이다. 부모와 선생 입장에서는 자식이나 학생이 독서에 빠졌다면 양뿐만 아니라 더한 것을 잃었다고 해도 기특하게 여기겠지만, 이 말은 그런 기특한 심정에서 나온 표현이 아니다.

: 독서는 항상 좋은 것인가 :

독서망양은 다른 일에 몰두하다가 정작 해야 할 제 일을 그르쳤다는 뜻이다. 만일 누군가의 자녀가 게임에 빠졌다고 해보자. 밤낮으로 빠져서 밥도 안 먹고 학교도 안 가는 정도다. 글자 그대로 보자면 독서망양의 상태다. 부모는 더 이상 참고 봐줄 수가 없게 된다. 하지만 자녀가 빠져든 게 게임이 아니라 독서라면 상황은 완전히 달라진다. 독서에 빠졌다면 부모들은 틀림없이 뿌듯해한다. 게임에 빠진 것과는 비할 수 없이 낫다고 생각하니까.

부모들은 자녀가 책을 읽는다고 하면 밥 안 먹고 학교 안 가도 그리 성내지 않는다. 되려 내심으로는 '우리 애는 독서왕'이라며 너그럽게 받아줄지도 모른다. 독서는 그만큼 다른 일을 팽개친 채 몰두한다 해도 비난받지 않는 유익한 행동으로 받아들여진다. 그뿐인가, 독서는 권장하고 추천하는 좋은 활동의 리스트에도 항상 빠지지 않고 포함된다. 그러면 독서망양은 독서 옹호론자가 한 말인가 싶겠지만, 그렇지 않다. 독서망양은 장자가 했던 말임을 기억해야 한다.

> 장臧과 곡穀 두 사람이 함께 양을 치다가 모두 양을 잃어버렸다.
> 장에게 무엇을 하다가 양을 잃었냐고 묻자 '채찍을 옆구리에 끼고 독서를 했다'고 답했다.
> 곡에게도 무엇을 하다가 양을 잃었냐고 묻자 '박색博塞을 하고 있었다'고 답했다.
> 두 사람은 했던 일은 다르지만 양을 잃어버린 것은 마찬가지다. **42**

장은 노비라는 뜻이고, 곡은 시종 드는 아이라는 뜻이다. 그리고 박색은 요즘의 주사위놀이와 비슷한 도박의 일종이다. 노비와 시종은 천민인데, 당시에 천민이 독서를 했다는 것 자체가 사실 어불성설이지만 상반된 예시를 들기 위한 것이라고 이해할 수 있다. 위 글을 어떻게 보아야 할까. 일단은 독서는 좋고, 도박은 나쁘다는 말이 아닌 것은 분명하다. 그렇다면 본업인 양치기에 방해되는 것은 독서든 도박이든 그 무엇이든 안 된다, 그러니 독서라 한들 봐줄 수 없다는 뜻일까. 즉 노비와 시종이 신분에 맞지 않는 행동으로 일을 그르쳤으니 그저 맡은 바 역할에나 충실하라는 이야기인가.

'제 할 일에 방해가 되는 것에 탐닉해서는 안 된다'로 이해했다면 다분히 유교식 해석이다. 유교는 개인과 가정과 사회와 국가를 동일한 원리로 본다. 수신修身해야 제가齊家도 치국治國도 평천하平天下도 가능하다. 각자의 신분에 맞는 임무를 성실하게 수행할 것을 강조하기 때문에 임금은 임금다워야 하고 신하는 신하다워야 하고, 아버지는 아버지답고 자식은 자식다워야 한다君君臣臣父父子子(《논어》의 〈안연顏淵〉 편). 그러니 노비와 시종도 노비와 시종다워야 하는데, 그렇지 못하고 엉뚱한 데에 빠져서 제 위치를 벗어났으니 사회 질서를 어지럽혔고 그래서 잘못된 행동이다. 독서망양을 유교의 가르침으로 해석했을 때, 맡은 바 본분에 충실하라는 것 외의 다른 메시지는 '무엇에 과도하게 빠져들면 중용中庸을 벗어나게 되므로 경계하라'는 것이다. 유교는 과도한 치우침 없는 적절한 균형을 아름답게 보았다.

그러나 장자의 독서망양은 다르다. 두 사람의 목적은 독서와 노름으로 각기 달랐지만 양을 잃었기 때문에 결과적으로는 같다는 것이다. 장자의 말대로라면, 독서는 좋고 도박은 나쁘다는 기존의 구분은 완전히 힘을 잃는다. 그러니 독서를 칭찬하고 도박을 비난할 수 없다. 그렇다면 양을 잃었다는 결과만 놓고 따져보라는 말인가. 결과만 보자면 게임에 빠져도 성적만 좋으면 괜찮다고 할 수 있다. 그러나 이러한 풀이 역시 옳지 않다.

: 새로운 판단 기준 :

장자가 하려는 말은 독서와 노름의 구절에 뒤이어 바로 나온다.

> 백이伯夷는 명예를 위해서 수양산首陽山 밑에서 죽었고,
> 도척盜跖은 이익을 탐하다가 동릉산東陵山 위에서 죽었다.
> 두 사람이 목숨을 바친 목적은 다르지만 생명을 해쳐가면서
> 본성을 해친 점은 마찬가지인데, 어째서 백이는 옳다고 하
> 고 도척은 그르다고 하는가?
> 사람들은 모두 무엇인가를 위해서 죽는다.
> 이 사람이 인의를 위해 죽었다고 해서 사람들은 군자라고

하고, 저 사람이 재물을 위해 죽었다고 해서 사람들은 소인이라고 한다.

무엇인가를 위해서 죽은 것은 같은데, 군자니 소인이니 평가한다. 생명을 해치고 본성을 손상시킨 점에서는 도척이나 백이나 같을 뿐인데, 어찌 그 사이에서 군자니 소인이니 하는가?[43]

백이는 의리와 절개를 상징하는 인물이다. 그는 자신의 정치적 신념을 지키기 위해서 산에서 굶어 죽기를 자처해서 목숨을 초개처럼 버렸고, 이로 인해서 군자로 칭송받아왔다. 그리고 도둑의 대명사인 도척은 남의 물건을 훔치기 위해서 상상 초월의 악랄한 짓을 서슴치 않았던 인물이다. 그래서 사람들은 백이를 군자라며 떠받들고 도척을 소인이라 낮추었다. 두 사람이 했던 일을 놓고 보면 합당한 평가다. 그러나 장자가 보기에는 신념을 위해 굶어 죽은 백이의 행위도 억지스럽고, 재물을 탐하다 죽은 도척도 역시 잘못되었다. 장자 앞에서 군자와 소인은 별안간 같은 취급을 받는다.

: 군자와 소인의 공통점 :

백이와 도척은 각자 원하는 것을 얻기 위해서 무엇인가를 버렸다. 백이는 신념을 위해서 목숨을 버렸고, 도척은 재물을 위해서 인간성을 포기했다. 명예든 재물이든 본성을 파괴해가면서 얻었다면 똑같이 어리석은 짓이다. 군자나 소인이나 본성을 해쳤다는 점에서는 매한가지인데, 사람들은 핵심은 보지 못한 채 군자와 소인으로 나누고 평가한다. 같은 그릇을 보고 누구는 도자기라 하고 누구는 쓰레기통이라 하는 격이다.

독서와 군자는 좋은 것이고, 노름과 소인은 나쁜 것이라는 세상의 판단과는 다른 해석을 장자는 하고 있다. 장자에게 군자와 소인의 구분, 백이와 도척의 구분은 무의미하다. 둘 다 어떤 것을 얻거나 이루기 위해서 본성을 거슬렀기 때문이다. 그는 세상의 시비 판단과는 다른 기준으로 상황을 파악했는데, 그것은 본성을 지켰는가다.

독서망양은 독서를 한다면 양을 잃어도 괜찮다는 뜻도 아니고, 독서든 도박이든 적당히 해야지 깊이 빠져서 제 일을 그르치면 안 된다는 뜻도 아니다. 본성을 해치지 말라는 뜻이다. 독서, 노름, 노비, 군자, 소인의 예시에 매몰되어 정작 장자의 메시지를 오해한다면 독서망양을 이해할 수 없게 된다. 이 성어가 '도박망양'이 아니라 '독서망양'이어서 은연중에 장자의 뜻을 곡해하는 면도 있다. 장자에 의하면 자녀의 본성을 해친다면 독서도 문제가 된다.

본성은 본능과는 다르며 사람마다 다르다. 본성은 타고난 기질과 성격과 재능과 욕망을 포함한 그 사람 자체다. 어렸을 때는 본성이 그런대로 유지가 되다가 교육, 사회관습, 경험 등을 통해서 본성은 쉽게 변형 또는 왜곡된다. 우리는 누구나 사회적 인간으로 살아남기 위해서 틀에 맞추고 규격화하는 과정을 거치면서 사회화는 되었지만 또 그만큼 본성은 약화되었다. 그러다 보니 내 본성이 무엇인지, 내가 어떤 사람인지는 점점 알 수 없게 되고 외부로부터 학습된 인격체가 되려고 애를 쓴다. 동시에 나만의 욕망도 사회의 욕망으로 대체된 채 각자의 길에 오르지 못하고 동일한 목적지를 향해서 자각 없이 질주하는 레이스에 편승하게 된다.

모두가 한 방향으로 달려가다 보니 다양성은 오간 데 없이 사라지고 획일성만 남는다. 그리고 획일성에서 이탈할까 두려워하고 전전긍긍하게 된다. 이제 본성이란 없다. 나답지 못하기 때문에 인생이 즐겁지도 않다. 이것이 현재 우리 사회의 안쓰러운 자화상이다. 이런 사회에서 본성을 유지하기란 말처럼 쉽지 않다.

어떻게 나만의 본성을 찾을 수 있을까. 지금이라도 사회에서 요구되는 능력을 넘어 나다운 삶을 지켜나가기 위한 소중한 가치란 무엇인지 생각해보자. 그것이 독서망양에 빠져 잃어버린 양, 곧 '나 자신'을 찾는 출발점이 될 것이다.

• 오늘의 고사성어

독서망양	讀書亡羊

讀 書 亡 羊

현재 뜻	독서에 빠져서 양을 잃다

본래 뜻	독서나 노름이나 양을 잃기는 매한가지다

어지러운 세상에서 중심 잡기

마이동풍

馬耳東風

남의 말을 흘려 듣는다

부당함을 지적하는 목소리는 아무도 듣지 않는다

마이동풍이란 동풍이 말의 귀를 스쳐 간다는 뜻으로, 남의 말을 귀담아 듣지 않고 지나쳐 흘려버린다는 말이다. 듣지를 않으니 소통이 되지 않아 마치 '소 귀에 경 읽기'처럼 답답하기만 하다. 동풍은 샛바람이라고도 하는데, 봄철에 부는 바람이다. 봄바람의 부드러운 살랑거림은 말의 귀에 감각적으로 아무런 영향이나 변화를 주지 않는다. 봄바람의 강도가 체격이 큰 말에게는 너무 약하기 때문이고, 따스한 봄바람이 제아무리 강하게 분다 한들 그야말로 훈풍이기 때문이다.

한쪽에서는 있는 힘껏 외쳐보지만 상대쪽에는 전혀 전달되지 않는다. 말의 귀를 자극하고 영향을 주려면, 바람의 존재를 실감케 하려면, 매서운 삭풍朔風(겨울철 찬 바람) 정도는 되어야 한다. 바람이 그저 귓전을 스쳐 지나가 버리는 이유는 봄바람과 말 사이의 힘의 불균형에 있다. 양쪽의 조건이나 힘이 엇비슷해야 영향을 주고받을 수 있는데, 현격한 차이 앞에서는 약한 쪽만 사력을 다할 뿐이다. 세상사 대체로 이렇다. 이 이치를 마이동풍이라고 표현한 사람은 당대의 시인 이백 李白(701~762)이다.

ː 말과 봄바람, 그 힘의 불균형 ː

이백은 이태백 李太白으로도 알려진 중국을 대표하는 시인이다. 달의 낭만과 술의 정취에 취해 살았던 '달과 술의 시인'이고, 세상의 규칙과 제도에 얽매이지 않고 살고자 했던 자유로운 영혼이었다. 이백의 친구 중에 왕십이王十二라는 인물이 있었다. 왕십이에 대해서는 구체적인 자료가 없어서 이백과 어느 정도의 교류가 있었는지 정확히 알 수는 없다. 그러나 왕십이가 먼저 시를 써서 이백에게 보냈고, 이백이 여기에 답시를 보낸 것으로 보아 편지를 주고받는 사이였다는 것은 알 수 있다.

왕십이가 먼저 이백에게 보낸 시는 현재 전하지 않고 제목만
남아 있다. 제목이 〈차가운 밤에 홀로 술 마시다 드는 생각寒夜獨酌
有懷〉인데, 제목으로 내용이 짐작 가능하다. '차갑다'와 '홀로'라
는 단어에서 시를 쓸 당시의 왕십이의 심정이 외로움과 괴로움으
로 가득했음을 읽어낼 수 있다. 이백의 답시로 비추어보건대, 왕
십이는 당시의 현실에 대한 비판과 분노를 표현했고 자신의 처지
를 솔직하게 토로했다. 홀로 술잔 기울이며 의기소침해 있을 친
구에게 이백은 긴 편지를 써서 공감과 위로를 전했는데, 그중 마
이동풍이 나오는 구절은 다음과 같다.

： 가렵지도 아프지도 않은 스치는 바람일 뿐 ：

인생은 순간이라 백 년도 못 채우지

끝없이 떠오르는 생각을 술로 잊어보게나

그대는 투계의 비책을 배워서 으스대며

거리를 활보하는 흉내도 내지 못하네

그대는 가서한哥舒翰 장군처럼 청해 지방에서 칼을 차고

석보성石堡城을 무찔러 요직에 오르지도 못하네

볕이 들지 않는 북쪽 창가 아래서 시를 쓰지만

만 마디를 쓴다 한들 술 한 잔의 가치도 없네

세상 사람들이 이것을 듣는다면 고개를 돌리겠지

동풍이 말의 귀를 쏘는 것과 같으니 말일세**44**

이 시에서 이백은 투계와 가서한을 예로 들어서 부당한 방법으로 권세와 부귀를 누리는 세태를 비판했고 왕십이의 글이 외면받는 현실을 개탄했다. 투계는 말 그대로 닭싸움인데, 당대 특히 현종 시기에 매우 성행했다. 황실과 귀족들의 집에 대규모 투계장을 설치했고 닭을 관리하는 전문가를 양성했는데, 이런 분위기가 고조되다 보니 다른 재능 없이 오직 투계를 잘하기만 해도 높은 관직에 오를 수도 있었다.

가서한은 당시에 토번吐蕃을 정벌한 장군이다. 당시 청해호青海湖에 토번이 쌓아 놓은 석보성을 공격해서 승리했고, 이로써 국난을 수습한 명장으로 칭송받았다. 그러나 전쟁의 내용을 들여다보면 한심했다. 약 10만의 병력을 이끌고 전쟁을 시작했지만 군사의 절반이 전사하는 엄청난 인명 손실이 있었고, 성을 함락한 후에 확인해보니 적군은 장수 한 명과 400명 군사로 대적하고 있었다. 이렇듯 대대적인 손실이 있었음에도 승리를 내세우며 개선했고, 이후에도 가서한은 재상의 마음을 사서 승승장구했다.

이백의 말에 따르면, 성공을 위해서는 투계 기술을 배우든지 아니며 가서한처럼 권력자에게 잘 보여야 했다. 그러나 왕십이는 황제와 귀족들의 마음에 들도록 투계 기술을 배우지도 못하는 인물이었고, 전쟁에서 많은 인명 피해를 냈지만 명장으로 활개 치며 고위직에 오른 가서한을 흉내 내지도 못하는 인물이었다. 권력의 기호에 맞추지 못했지만, 부당함에 분개하고 그것을 글로 써냈다. 친구의 이런 성향을 이백은 잘 알고 있었다. 문제는 이런 글을 써낸다 한들, 사람들은 아무도 관심이 없고 읽지도 않는 것이었다. 이런 현실이 안타깝게도 마치 마이동풍과 같았다.

: 글이 힘을 얻으려면 :

'펜은 칼보다 강하다'라는 말처럼, 글에는 무기보다 강한 힘이 있다. 그런데 사람들은 왜 왕십이의 글을 읽지 않았을까. 왕십이의 글이 힘을 발휘하려면 우선 널리 읽혀야 하는데, 누구인지도 모르는 사람이 쓴 글이 읽히는 게 쉽지 않기 때문이다. 그리고 글의 힘은 곧 글쓴이의 힘과 비례한다. 왕십이처럼 잘 알려지지 않은 사람의 글은, 부당함과 불공정이라는 중요한 내용을 담고 있어도 변방의 미약한 외침에 그치기 쉽다. 귓전을 때리는 강력한 글이 되려면, 내용은 물론 글쓴이의 이름과 영향력도 중요하다. 만일 왕십이가 권력을 쥐고 있었다면, 이백처럼 이름이 알려졌다면 상황은 달라졌을 것이다. 힘센 자는 헛기침만 해도 다들 귀담아 듣는 반면, 힘없는 자는 절규를 해도 사람들이 귀 기울이지 않는다.

이백의 답신은 글이 영향력을 발휘하지 못해 실의에 빠진 친구를 향한 우정의 표현이면서 동시에 글 쓰는 재능만 있고, 세상에 편승하는 재주는 없던 이백 자신에게 보내는 편지이기도 하다. 친구에게서 자신의 모습을 보는 경우라 할 수 있다. 그래서인지 편지의 뒷부분에는 진심 어린 위로와 충고로 가득하다. 마이동풍을 힘없는 자는 글도 쓰지 말라는 뜻으로 오해해서는 안 된다. 세상 어디에나 왕십이와 같은 인물은 있다. 사실 왕십이의 상황 판단과 문제의식은 정확했다. 권력에 아부한 자들은 부귀를 누렸지만 백성들의 생활은 날로 어려워졌고, 바로 이런 점을 지적했으니 말이다. 설령 지금은 이름이 없는 무명의 저자라고 해도 정확한 내용을 담고 있는 글이라면 그 잠재력은 크다. 미약한 소리라 할지라도 진심이 담겨 있다면 시간이 지나서 반드시 세상의 주목을 끌게 되고, 그때부터 힘이 커지기 시작한다. 그러니 미약하더라도 소리를 내는 것이 출발점이다. 더군다나 그것이 사회의 부조리에 관한 것이라면 더더욱 그렇다. 작은 소리들이 모여서 천둥같은 소리가 되었을 때는, 한낱 말의 귓전을 간지럽히는 바람이 아니라 말을 통째로 날려버릴 수 있는 막강한 태풍이 되기 때문이다. 결국 글의 힘은 쓰는 사람에게 절반이 있고, 나머지 절반은 읽고 듣는 사람에게 있는 것은 아닐까.

• 오늘의 고사성어

마이동풍	馬耳東風

馬耳東風

현재 뜻	남의 말을 흘려 듣는다

본래 뜻	부당함을 지적하는 목소리는 아무도 듣지 않는다

일자천금
一字千金

문장이 아주 훌륭하다

원력자의 책을 누가 감히 고칠 수 있는가

고사성어에는 책에 관한 것들이 꽤 있는데, 그중 한우충동은 도
서나 저작의 양이 많음을 표현한다. 그리고 책의 양이 아니라 내
용이나 완성도를 나타내는 성어 중에 일자천금一字千金이 있다.
일자천금은 글자 하나에 천금의 가치가 있다는 뜻으로, 글씨나
문장이 아주 훌륭하다는 말이다.

　　글자 하나에 천금의 값어치가 있다니, 그 글의 가치는 과연
어디에서 나오는 것인가. 어떤 '문장이 훌륭하다'는 객관적 기준
은 없겠지만, 저마다 좋아하는 책이나 가슴을 울린 문장을 접한

일은 있을 것이다. 또한 글을 쓰는 사람들은 일자천금의 작품을 남기기를 바라며, 독자들은 일자천금의 작품을 만나기를 고대한다. 그런데 일자천금의 기준에 문학 이외의 다른 힘이 작용한다면 쓰는 사람이나 읽는 사람의 입장은 달라진다.

전국시대 진秦나라 왕인 영정嬴政(훗날의 진시황)은 열세 살의 나이에 왕위에 올랐다. 왕이 어렸기 때문에 어린 왕을 보좌한다는 명목 하에 여불위呂不韋는 상국相國의 신분으로 섭정을 했고 실권을 행사했다. 여불위는 거상巨商 출신답게 막강한 부를 자랑했는데, 기록에 따르면 그의 집에서 시중드는 가동家僮만 해도 만 명이었다고 한다. 이런 데다 정치 권력까지 장악했으니 그의 권세가 얼마나 대단했는지 알 수 있다. 여불위는 재력을 바탕으로 각지의 논객과 학자들을 집으로 불러들여 후하게 대접했는데, 그의 집안에서 지냈던 식객이 삼천 명이나 되었다.

: 재력과 권력을 모두 쥐다 :

당시에 전국사군戰國四君이라 해서 식객과 빈객(손님) 접대로 이름을 날리는 네 명의 인물이 있었다. 위나라의 신릉군信陵君, 초나라의 춘신군春申君, 조나라의 평원군平原君, 제나라 맹상군孟嘗君이었다. 여불위는 진나라에는 이 네 명과 비견할 정도로 이름을 날린 인물이 없는 탓에 나라의 위상이 뒤쳐진다고 생각했다. 그래서 사방에서 인재를 모아 식객으로 삼아 후원했다. 수천 명의 빈객을 접대한다는 것은 경제적으로 막대한 비용이 드는 것은 물론이고 이를 받아들일 사회적·문화적 토양도 마련되어야 가능한 일이었기 때문에, 당시에는 거느리고 있는 빈객의 수를 국력 가늠의 척도로 삼기도 했다. 그래서 각국은 경쟁적으로 빈객을 초빙하는 데 공을 들였다.

여불위는 어느 정도 식객의 규모가 갖추어지자, 이들에게 책을 쓰게 했다. 그 책이《여씨춘추呂氏春秋》이다.《여씨춘추》는 20여만 자에 달하는 방대한 양을 자랑하는 백과사전식 책인데, 천지와 만물과 고금에 대한 내용을 두루 담고 있어서 전에 없는 규모와 내용을 갖추게 되었다. 책 이름도 공자의《춘추》에 견줄 만하다는 의미에서 여씨(여불위)의 춘추라고 지었다.

《여씨춘추》는 최고 권력자의 기획 하에 지식인들을 동원하여 공동 집필의 방식으로 만든 책이었고, 진나라를 대표하는 저작이 되었다. 이때까지만 해도 궁벽한 서쪽 나라이자, 다른 나라들에 비해서 상대적으로 문화예술이 척박했던 진나라는 비로소 내세울 만한 저작을 갖게 되었다.

: 20만 자 중 단 한 글자 :

책이 완성되자 여불위는 대대적인 홍보를 했다. 수도의 성문에 책을 진열해 놓고 누구든 볼 수 있게 공개하면서 다음과 같이 공포했다.

> 이 책에 단 한 글자라도 더하거나 뺄 수 있는 자가 있다면 그
> 에게 천금의 상금을 주겠다. [45]

책이 너무도 완벽해서 한 글자도 고칠 데가 없다는 이 말은 책에 대한 자신감에서 나온 것이다. 상금 소식은 순식간에 사방으로 퍼져나갔다. 여불위가 상금까지 내건 이유는 무엇일까. 역사 기록에는 그 이유에 대한 언급이 없지만 그의 입장에서 추측해보자면, 우선은 책의 완성을 세상에 널리 알리고 진나라의 위상을 높이기 위한 홍보의 목적이었을 것이다. 그리고 이미 완성된 책에 대한 수정사항을 받아들일 만큼 여불위가 공개적인 비평

도 수용하는 인물이라는 것을 세상에 천명하기 위해서였다. 이유가 무엇이든 책에 대한 자긍심이 바탕에 깔려 있어야 가능한 일이었다. 여불위 개인의 위세도 떨칠 수 있고 진나라도 드높일 수 있는 극적인 홍보 이벤트로 이보다 더 효과적인 방법이 없었다.

그렇다면 한 자를 고쳐 천금을 손에 넣으려는 도전자의 입장에서 보자. 천금이라는 거액의 상금도 동기부여가 되겠지만 그보다도 《여씨춘추》를 고친 인물로 역사에 이름을 남길 절호의 기회였다.

'책이 아무리 완벽하다 해도 20만 자 중에 한 자는 손댈 게 있겠지.' '세상에 절대적으로 완벽한 책이란 없는 법, 도전해볼 만하다.' 이런 생각을 충분히 할 수 있었다. 역시나 글 좀 읽는다고 하는 지식인들이 구름처럼 몰려왔고, 돈과 명예를 안겨줄 그 한 글자를 위해서 먼저 책을 열심히 읽었다. 세상의 학자들이 죄다 제 발로 찾아와서 눈에 불을 켜고 《여씨춘추》를 이 잡듯이 꼼꼼히 찬찬히 읽어 내려갔다. 별도의 노력 한 방울 들이지 않고 완벽하게 책의 홍보에 성공한 이 단계에서 여불위의 의도는 이미 달성되었다.

: 완벽한 저작은 없다, 완벽한 권력이 있을 뿐 :

책을 읽은 도전자들은 방대한 양과 폭넓은 내용에 압도되었고 한 자 정도는 바꿀 수 있으리라던 예상도 허무하게 빗나갔다. 이미 책의 완성도가 높았을 뿐 아니라 최고 권력자의 주도로 완성된 저서에 손을 댄다는 것 자체가 무엇을 뜻하는지 알았기 때문이다. 책의 내용을 분석하기 전에 책 뒤에는 일개 학자가 덤비지 못할 막강한 힘이 버티고 있다는 것을 알아차려야 했다. 한 글자라도 손을 댄다는 것은 곧 권력에 대한 저항을 의미한다. 섣부른 도전이 어떤 결과를 초래할지 모른다. 그러니 호기롭게 도전했던 사람들은 두려움을 안고 돌아갈 수밖에 없었다. 결국 어느 누구도 한 자를 바꾸지 않았다, 아니 바꾸지 못했다.

권력자의 책에 손댈 수 있는 자가 있겠는가. 여불위는 애초에 이 점을 깊이 알고 있었다.《여씨춘추》에 대한 그의 넘치는 자신감은 학문이나 도서에 대한 애정보다 권력 장악의 경험에서 나온 것이라 해도 틀린 말은 아니다.《여씨춘추》가 일자천금이 된 것은 책이 완벽해서라기보다는 권력이 완벽해서이고, 이 사실을 사람들이 모두 알고 있었기 때문이다. 그리고 오늘날 우리가 살아가는 사회에서도 비슷한 모습을 한 일들이 일어나고 있다. 하지만 그럼에도 고칠 데를 찾아 바꾸는, 권력에 저항할 용기가 있는 사람이 많아진다면 더 훌륭한 문장, 진정으로 존경받는 권력이 등장할 수 있지 않을까?

• 오늘의 고사성어

일자천금	一字千金

一字千金

현재 뜻	문장이 아주 훌륭하다

본래 뜻	권력자의 책을 누가 감히 고칠 수 있는가

철면피

鐵面皮

두꺼운 낯가죽

사욕을 위한 뻔뻔함 혹은 공평무사를 위한 강직함

코로나19 팬데믹 기간에는 마스크가 생활필수품이었다. 마스크를 처음 쓸 때는 호흡하기도 힘들고 상대방의 표정도 읽지 못해 답답한 점이 많았다. 특히 대면 수업을 할 때는 마스크에 가려진 학생들의 반응을 읽기가 어려워서 예상 못한 상황들이 벌어지기도 했다. 같은 공간에 있음에도 불구하고 상대의 얼굴 전체를 보지 못한 채로 소통을 하는 것은 생각보다 쉽지 않았다. 마치 본 얼굴을 감춘 채 가면을 쓰고 만나는 상황과 비슷하게 느껴졌다.

사람의 얼굴 특히 표정은 생각과 감정을 온전하게 반영한다.

감정을 잘 숨기지 못하는 사람은 더더욱 그렇다. 얼굴이나 표정과 관련된 표현에 철면피 鐵面皮가 있다. 철면피는 말 그대로 '쇠로 만든 낯가죽'이라는 뜻으로, 염치가 없고 뻔뻔스러운 사람을 낮잡아 부르는 말이다. 흔히 '얼굴에 철판을 깔았다'고 하는 것이다.

* * *

철면피라는 말의 주인공은 양광원 楊光遠이라는 사람이다. 당대 과거시험에 합격해서 진사 進士의 신분이었던 양광원은 당시의 관행대로 힘 있는 사람들을 찾아가서 자신의 재능과 장점을 내세우며 자신을 이끌어달라고 호소했다. 보통은 이 과정에서 자신을 이끌어줄 사람을 만나기도 했고 반대로 수모를 겪기도 했다. 원하는 것을 얻으면 다행이지만 수모를 당하면 좌절과 상심에 빠졌다. 그 원하는 바를 얻기 위해서 때로는 권세가의 비위를 맞추는 일도 감당해야 했기 때문이다.

어떤 권세가가 습작 삼아 그냥 지어본 시를 보고 양광원은 '이백 李白도 따라오지 못할 훌륭한 작품'이라고 치켜세웠다. 이 정도의 듣기 좋은 말로 권세가의 비위를 맞추는 일은 실상 흔한 일이었다. 정도에 차이가 있을 뿐이다. 그런데 다음 일화는 좀 다르다. 하루는 힘 있는 자가 술에 취해서 채찍으로 양광원을 때려도 되겠냐고 물었다. 이런 제안은 이례적일 뿐 아니라 상식을 한

참 벗어난 것이었다. 거절해야 마땅할 텐데 그는 기꺼이 매질을 허락했다. 옆에서 모든 것을 지켜본 친구가 경악을 금치 못해 물었다.

"자네는 수치도 모르는가?"

"이렇게 해서라도 힘 있는 이에게 잘 보여서 출셋길이 열린다면 나쁘지 않네."

출세를 위해서라면 물불을 가리지 않는다는 말이 딱 들어맞는다. 게다가 채찍질을 당하고도 아무렇지 않은 듯 태연한 반응이라니. 이 일을 계기로 사람들은 다음과 같이 말했다.

진사 양광원은 권력자들의 비위를 맞추는 것을 싫어하지 않았다. 매질을 당한 적도 있었지만 후회하는 기색이 없었다. 당시 사람들이 '양광원의 낯가죽은 철갑을 열 겹이나 두른 것처럼 두꺼워서顔厚如十重鐵甲부끄러운 줄을 몰랐다'고 말했다.**46**

여기에서 철로 두른 낯가죽인 철면피라는 부정적인 표현이 나왔다.

: 왜 매질을 감내했나 :

사람의 언행에는 그 사람의 가치관이 드러나곤 한다. 양광원의 언행에는 출세를 위해서는 무슨 일이든 할 수 있다는 가치관이 드러났다. 출세를 유일한 가치로 여긴다면 양심, 도덕, 사회통념, 자존감과 같은 기타의 가치는 모조리 잊어야 한다. 상대방의 무례와 비상식을 참고도 철갑을 한 겹도 아닌 열 겹이나 두르는 것은 아무나 할 수 있는 일이 아니다. 양광원이 굴욕을 참고 뻔뻔하게 대응한 것은 온전히 사욕私欲을 위해서였다. 그리고 그 욕망은 다른 모든 것을 잊을 만큼 절실했다. 여러분은 그처럼 할 수 있겠는가 혹은 해본 적이 있는가. 사람들은 그를 철면피라 하여 안 좋게 보았지만, 꼭 그럴까. 간혹 내가 할 수 없는 짓을 했다는 이유로 누군가를 손가락질 하는 일이 종종 있는데, 양광원도 그런 경우는 아닐까 생각해본다.

철면피라는 성어의 낯짝 두꺼운 주인공이 되어 버린 양광원을 위한 변명을 좀 해보자면 이렇다. 매질을 당한 것은 제 좋아서 한 일이고 딱히 남에게 피해를 주지도 않았다. 이해할 수 없다고 해서 그것이 비난해도 된다는 뜻은 아니다. 원하는 것을 얻기 위해서 모욕과 수치 정도는 참을 수 있다고 생각하면 그리 이상한 일도 아니다. 양광원은 출세하고 싶다는 자기 욕망에 솔직했고 충실했다. 그는 어쩌면 출세하지 못한 채 자존심을 지키는 것, 남들 눈치 보느라고 자신의 욕망을 억누르고 기만하면서 가면을 쓴 채 살아가는 것이 철면피보다 더 안타까운 일이라고 여겼을 수도 있다. 양광원의 언행은 이런 자기 확신이 없었다면 쉽사리 할 수 없는 일이었다.

이렇게 본다면 양광원은 자기가 원하는 삶이 무엇인지 알았고 그것을 이루기 위해서 순간의 자존심, 감정, 세상의 눈을 가뿐히 덮어버릴 수 있었던, 전형적인 목표 지향적 인물이었다. 반면에 목표만큼 과정도 중요하다는 입장에서 보면, 수단과 방법을 가리지 않는 무리한 태도도 문제이고 인간은 존엄한데 그것을 스스로 내팽개쳐가면서까지 얻어야 할 것은 없다고 반박할 수도 있다. 양광원을 어떻게 볼지에 대한 기준은 옳고 그름이 아니라 가치관의 차이일 뿐이다. 사람은 모두 제 인생을 제 방식대로 살아간다. 결과에 책임만 진다면 문제 삼을 게 없다.

***

양광원의 철면이 '부끄러움을 모르는 두꺼운 낯'인데, 시대가 지나서 송나라 시대가 되자 여기에 이와는 전혀 다른 뜻이 더해진다. 조변 趙抃(1008~1084)이라는 사람은 전중시어사 殿中侍御

史라는 관직에 임명되었다. 전중시어사는 관리들의 비리를 조사하고 적발하는 일종의 내부 감찰관이었다. 동료들을 조사하는 것은 사실 불편한 일이고, 조직 내부의 일을 다루다 보니 인정에 휘둘리기도 쉽다. 따라서 관직사회의 부정을 척결하겠다는 강한 의지와 유혹에 흔들리지 않을 뚝심이 필요한 자리였다. 조변은 자신의 역할을 충실하게 수행했다. 비리가 있다면 황제의 총애를 받는 자, 직책이 높은 자, 귀족을 불문하고 철저하게 조사했고, 막강한 권력을 휘둘렀던 황실의 외척과 환관도 문제가 있다면 예외 없이 탄핵 대상에 올렸고 실제로 탄핵을 이끌어냈다.

: 또 다른 철면, 공평무사를 위해 :

조변이 탄핵한 인물에는 군사업무 최고 기관인 추밀원樞密院의 추밀사와 추밀부사, 나라의 재정담당 최고 기관의 수장인 삼사사三司使, 황실의 문서작성 담당인 한림학사翰林學士 등이 포함되었다. 탄핵대상 중 최고위직은 재상이었다. 소위 '일인지하一人之下, 만인지상萬人之上'이라는 재상을 탄핵하기 위해 그는 열두 번이나 상소를 올렸고 결국은 해임시켰다. 해임을 위해서 적시한 죄목은 다음과 같았다.

재상임에도 학식도 없고 전문 지식도 없으며 과오도 여러
번 저질렀다.**47**

재상이 갖춰야 할 학식, 인품, 도덕성 중 어느 하나도 없다는
내용이었다. 재상은 당연히 황제가 임명했다. 그런 재상을 이렇
게 대놓고 직설적으로 조목조목 따지고 들었으니, 조변은 맡은
직책에 용기와 신념이 있었던 것이 분명하다. 당시에 사람들은
원칙대로 엄중하게 맡은 임무를 수행하는 조변을 관중시어사라
는 직책명과 합하여 '철면어사鐵面御史'라고 부르며 칭송했다. 철
가면을 쓴 듯이 냉철하고 공정하다는 뜻이다.

철면어사라는 말은 《송사宋史》에 실린 조변의 전기에 보인
다. 조변의 전기는 포청천包靑天으로 알려진 명판관 포승包拯의
전기와 같이 기록되어 있는데, 포청천은 청렴한 관리이자 명판관
으로 이름을 날린 인물이었다. 두 사람은 이후에 공정과 엄중함
의 대명사가 되었다.

양광원의 철면이 사익을 위한 것이었다면, 조변의 철면은 그
야말로 공평무사公平無私를 위한 것이었다. 이때부터 철면에는 권

력에 굴하지 않고 철가면을 두른 듯 냉정하고 강직하다는 긍정적인 의미가 생겨났다.

현재 우리가 사용하는 철면피라는 말에는 양광원의 의미만 있고, 조변의 의미는 없다. 반면 중국에서는 철면피라는 말이 상반된 두 가지 뜻으로 모두 쓰인다. 고사성어 중에는 시대에 따라 뜻이 달라지는 것들과 중국과 한국에서 각기 다른 의미로 쓰이는 것들이 있는데, 철면피도 그 대표적인 예라 할 수 있다. 둘러보면 양광원 같은 사람은 간혹 찾아볼 수 있지만 조변 같은 인물은 흔치 않다. 이는 사익을 뒤로하고 공적 가치를 실행하는 것이 그만큼 어렵다는 반증이기도 하다.

철면피라는 표현은 같지만 양광원과 조변은 각각 사욕 추구와 공평함이라는 정반대의 지향점을 보여준다. 우리는 인정이 없고 매정한 사람을 가리켜 '찔러도 피 한 방울 나오지 않을 사람'이라고 하는데, 두 사람 중 누가 여기에 해당할까. 개인의 욕망을 위해 자신이 세운 원칙을 따라 돌진하는 사람, 공무公務를 위해서 사사로움에 치우치지 않고 원칙대로 밀고 나가는 사람. 공公과 사私라는 차이를 제외하면 제 갈 길을 정해놓고 일로매진한다는 점에서 두 사람의 행동은 비슷하다. 철면피에는 양광원을 비판하는 부정적 뜻과 조변을 칭송하는 긍정적 뜻이 있지만, 반대되는

사익을 위한 철면피 VS 공평무사를 위한 철면피

두 가지 뜻이 내적으로는 서로 통하는 지점이 있다. 살면서 이따금 자신이나 타인 혹은 어떤 목적을 위해 철면피가 되어야 할 때가 있다. 그럴 때 우리는 양광원에 가까울까, 조변에 가까울까?

• 오늘의 고사성어

철면피	鐵面皮
	鐵 面 皮
현재 뜻	두꺼운 낯가죽
본래 뜻	사욕을 위한 뻔뻔함 혹은 공평무사를 위한 강직함

한우충동

汗牛充棟

천장까지 채울 정도로 책이 많다

고전의 뜻을 왜곡한 책들이 넘쳐난다

지하철이나 버스를 타면 모두가 핸드폰을 보고 있다. 지하철에서 맞은편 좌석과 한 량 전체를 훑어봐도 한결같이 고개를 숙인 채 핸드폰에 시선이 고정되어 있다. 그래서 '여기서 내가 무슨 행동을 해도 아무도 쳐다보지 않겠구나' 하는 생각도 한다. 핸드폰이 없을 때는 지하철에서 무엇을 했었나를 생각해보니, 그 시절에는 사람들이 신문과 책과 잡지를 읽었었다. 가방에 책 한 권 넣고 다니던 그때가 참으로 오랜 과거처럼 느껴진다.

책과 출판물을 둘러싼 환경이 급변하며 정보를 얻는 방식도 과거와 달라졌다. 거의 모든 것이 웹상에서 이루어지다 보니 종이책이 점차 위축되는 것처럼 보이지만, 여전히 종이책이 훨씬 익숙한 나 같은 사람은 책장을 넘길 때의 감촉을 전자책의 터치감으로 대체할 수 없다는 데에 동의할 것이다.

책에 얽힌 기억도 많다. 한글을 막 떼고 혼자 글 읽기가 가능해지자 아버지가 내 손을 잡고 제일 큰 서점에 가서 책을 맘대로 골라보라고 했을 때 집어 들었던 첫 책과 그날의 행복감을 지금도 기억한다. 그리고 중학교 시절, 친구의 어머니가 동네에서 서점을 운영했다. 서가를 지나 서점 안으로 들어가면 작은 방이 하나 있었는데, 일하다 들어와서 쉬기도 하는 공간이었다. 방과 후에 가끔 그 방에 놀러가서 서가 가득 꽂힌 책들의 표지와 제목을 읽는 것만으로도 즐거웠던 때가 있었다. 그리고 어른이 돼서는 나만의 멋진 서재를 갖고 싶었고, 그래서인지 누가 어디에 서재를 잘 꾸며 놓았다는 얘기를 들으면 일부러 찾아가 구경하며 내 서재 꾸미기를 위한 참고 자료용으로 눈에 잘 담아보기도 했다.

혹시 서재를 갖고 있는가? 서재는 취향대로 꾸민 방에서 책을 읽고 글도 쓰고 사람도 만나면서 나만의 시공간을 맘껏 누릴 수 있는 최적의 장소라고 생각한다. 서재는 사실 글방, 공부방, 사무실과 크게 다르지 않지만 '서재'라는 단어가 주는 느낌은 공부방이라고 할 때와 다르다. 명사들의 서재를 공개하는 방송을 본 적이 있는데, 꽂혀 있는 책들도 서재의 분위기도 각자의 개성만큼 다양했다. 그러나 사실 서재가 뭐 별건가. 벽면을 채운 몇 권의 책만 있다면 그곳이 곧 서재다.

책을 둘러싼 이런저런 추억은 꽤 있지만 전자책에 얽힌 추억이란 글쎄, 아직 경험해보지 못했다. 그리고 앞으로 전자책 또는 지식콘텐츠가 대세가 되어 전자기기 안에서 개인의 서재를 갖게 된다면 서재라는 별도의 공간이 더 이상 필요 없는 날도 올 것이다.

종이 발견 이후 지금까지 약 이천 년 동안 인류가 쌓아온 지식과 경험은 책에 고스란히 남아 있다. 책이 정보 전달의 주요 수단이던 그 시절, 장서의 양과 지식의 양을 등가에 놓던 때가 있었다. 서가를 가득 채운 책과 그 향기가 은은한 서재는 지식 탐구의 상징처럼 보여서 멋스러웠다. 물론 책을 사서 모으는 행위가 실제 독서 여부와는 무관할 수도 있다. 그러나 서점에서 집어든 책을 들고 집으로 돌아와 서가에 꽂을 때의 만족감이 간혹 독서 그 자체보다 더 클 때도 있다. 그래서 이름 난 독서광도 있지만 도서 수집으로 알려진 장서가들도 많다.

: 책을 수집하고 보관하다 :

한우충동은 책을 수레에 실으면 수레 끄는 소가 땀을 흘리고(한우汗牛), 쌓아 놓으면 대들보에까지 찰 정도로(충동充棟) 책이 매우 많다는 말이다. 소와 대들보를 요즘 식으로 바꿔보면 차량과 집이 될 텐데, 차에 실으면 그 무게로 인해서 가속해도 잘 나가지 않을 정도로 책이 많고, 집안 천장까지 가득 채울 만큼 책이 많다는 것이다. 장서가 많다는 긍정적인 표현이다.

　고대에는 많은 양의 장서가 일종의 권력처럼 여겨졌다. 송대에 목판인쇄술이 발명되기 전까지 책은 필사로 전해졌다. 도서의 보급과 소장이 지금과는 비교할 수 없을 정도로 간단치 않은 일이었다. 그래서 왕조에서 책이 가장 많은 곳은 황실내의 장서각이나 문헌각이었고, 이곳의 도서를 열람할 수 있는 관직도 있었다. 유명한 학자라 해도 민간에서 구할 수 없는 책을 보는 것은 흔치 않은 일이었다. 이렇게 책이 귀했던 시절에 책이 많다는 것은 좋은 일이었다.

　땀 흘리는 소와 집안의 대들보라는 생생한 묘사는 당의 문장가 유종원柳宗元의 〈육문통선생묘표陸文通先生墓表〉에 나온다. 이 글은 유종원이 육문통 사후에 그의 생애를 기리는 묘비에 쓴 글

이다. 육문통은 당대 역사학자인 육질陸質(?~805) (문통은 육질의 시
호)로 공자 사상과《춘추》에 정통한 인물이었다. 대유학자의 묘
비에 등장한 한우충동이라는 말이 어떤 맥락에서 나온 것인지,
지금의 뜻과 같은지를 살필 필요가 있다.

공자가《춘추》를 지은 지 천오백 년이 지났다. 춘추에 전傳
을 지은 사람 중에서 다섯 명의 이름이 전하고 현재는 그중
세 명의 저작을 주로 활용한다. 이들 외에도 죽간을 손에 쥔
채 이리저리 생각하여 주소注疏를 지은 학자는 매우 많다. 그
들은 공격적이고 서로 헐뜯으며 분노에 차 있으며 말로 서
로를 공격하고 숨은 일을 들추어낸다. **이런 목적으로 쓴 그**
들의 책은 집에 두면 대들보까지 가득 차고, 집 밖으로 나갈
때는 수레 끄는 소와 말이 땀을 흘릴 정도로 많다. 공자의 원
뜻에 맞는 책이 숨겨지기도 했고 원뜻에 어긋나는 책이 세
상에 드러나기도 했다. 후학들이 기를 쓰고 공부를 하다가
죽을 때가 되어서도, 이리저리 살펴보아도 무엇이 본뜻인지
알지 못할 지경이다. … 심하다, 성인 공자의 뜻을 알기 어렵
게 되었구나. **48**

이 글에 의하면 공자의 《춘추》에 대한 세 명의 서적이 가장 권위가 있었다. 이들 외에 많은 저술가들이 나름의 해석서를 내놓았는데, 공자의 원래 뜻을 왜곡하고 임의로 재단했으며 그 책으로 상호 비방도 했다. 유종원은 이런 세태를 지적했다. 더군다나 그렇게 왜곡된 책들이 한우충동의 지경에까지 이를 정도로 너무나 많아져서 공자의 뜻을 알기 어렵게 되었다고 개탄했다. 해설서가 원서를 오염시켰다는 것이다. 이렇게 보면 아전인수我田引水나 곡학아세曲學阿世 하는 책들보다 더 위험한 것은 그 저자들일 수 있다. 저자들은 각자의 의도에 따라서 주석서를 쓰기 때문이다.

한우충동이라는 표현은 위 문장의 충동우充棟宇와 한우마汗牛馬에서 나왔다. 원래는 세상에 쓸데없는 책이 너무 많고, 원저자의 뜻을 훼손하는 이들로 넘쳐난다는 부정적인 의미였다. 그러나 지금은 이 말이 지적했던 병폐는 오간 데 없이 사라지고 많은 장서라는 뜻만 남아 있다.

: 고전의 가치를 알고 지키는 것 :

책의 본뜻은 사라지고 왜곡된 뜻만 살아남아 세상에 유통되는 현상, 원작은 제쳐두고 책들이 서로 다투고 폄훼하고 난무하는 상황, 그리고 진위와 정사正邪를 판별할 안목이 없는 시대. 이런 심각한 세태에 무감각해진 세상을 향해 쓴소리를 할 수 있는 사람이 있다면 그가 바로 용기 있는 자다.

원작의 뜻을 왜곡하는 책들이 넘쳐나는 일은 과거에는 물론이고 지금도 비일비재하다. 단순한 '오독'이 아닌 '왜곡'에는 의도가 있기 마련이다. 그리고 그 왜곡한 책들로 서로를 비방한다. 결국 책으로 다투는 형국이 되고 만다. 이런 일이 오래되다 보면 진위를 구별하는 것이 어려워진다. 본말전도고, 주객전도다. 그럼에도 그런 책들이 유통된다는 사실 자체를 유종원은 개탄했다. 오죽하면 공자의 뜻을 이제는 알 수가 없다고 했다.

책이 많은 것이 무조건 좋은 것은 아니다. 좋은 책이 세대를 거치면서 제대로 전해져야 좋다는 말이다. 세월의 무게를 견뎌낸 책을 고전古典이라고 한다. 수백 년 혹은 천 년 이상을 살아남은 책들은 다 합당한 이유가 있어서 우리 손에 전해진 것이다. 그리고 고전이나 양서를 접하다 보면, 유종원이 말한 원뜻을 왜곡하고 남을 비방하는 수준의 책들도 스스로 걸러낼 수 있는 안목을 갖추게 된다.

　오늘날에도 고전은 사라지지 않았다. 고전에 대한 해석과 재해석을 담은 지식콘텐츠는 넘쳐나지만 말이다. 한우충동이 알려주는 것처럼, 고전의 가치를 보존하고 원뜻을 훼손하지 않아야 한다는 차원에서라도 시대를 통과한 책은 우리 곁을 지켜줘야 하지 않을까.

- 오늘의 고사성어

한우충동	汗牛充棟

汗牛充棟

현재 뜻	천장까지 채울 정도로 책이 많다

본래 뜻	고전의 뜻을 왜곡한 책들이 넘쳐난다

각 인용문의 원문과 출처

1장.
구사일생

---

1 長太息以掩涕兮, 哀民生之多艱. …

   亦余心之所善兮, 雖九死其猶未悔.

   장태식이엄체혜, 애민생지다간. …

   역여심지소선혜, 수구사기유미회.

   – 굴원 屈原, 〈이소 離騷〉

2 雖九死無一生, 未足悔恨.

   수구사무일생, 미족회한.

   –《육신주문선 六臣註文選》의 〈이소 離騷〉, 유량 劉良의 주 註

구우일모

3 假令僕伏法受誅, 若九牛亡一毛, 與螻蟻何異?

가령복복법수주, 약구우망일모, 여누의하이?

- 사마천 司馬遷, 〈보임소경서 報任少卿書〉

4 人固有一死, 或重於泰山, 或輕於鴻毛, 用之所趨異也.

인고유일사, 혹중어태산, 혹경어홍모, 용지소추이야.

- 사마천, 〈보임소경서〉

5 太上不辱先, 其次不辱身, 其次不辱理色, 其次不辱辭令, 其次詘體
受辱. 其次易服受辱, 其次關木索, 被箠楚受辱, 其次剔毛髮, 嬰金鐵
受辱, 其次毀肌膚, 斷肢體受辱, 最下腐刑极矣.

태상불욕선, 기차불욕신, 기차불욕이색, 기차불욕사령, 기차굴체수욕,

기차역복수욕, 기차관목색, 피수초수욕, 기차척모발, 영금철수욕, 기차

훼기부, 단지체수욕, 최하부형극의.

- 사마천, 〈보임소경서〉

붕정만리

6 北冥有魚, 其名爲鯤. 鯤之大, 不知其幾千里也. 化而爲鳥, 其名爲

鵬. 鵬之背, 不知其幾千里也. 怒而飛, 其翼若垂天之雲. 是鳥也, 海

運則將徙於南冥, 南冥者, 天池也. 齊諧者, 志怪者也. 諧之言曰, '鵬

之徙於南冥也, 水擊三千里, 搏扶搖而上者九萬里. 去以六月息者

也.'

북명유어, 기명위곤. 곤지대, 부지기기천리야. 화이위조, 기명위붕. 붕

지배, 부지기기천리야. 노이비, 기익약수천지운. 시조야, 해운즉장사어

남명, 남명자, 천지야. 재해자, 지괴자야. 해지언왈, '붕지사어남명야,

수격삼천리, 박부요이상자구만리. 거이육월식자야.'

– 《장자 莊子》의 〈소요유 逍遙遊〉

7 蜩與學鳩笑之曰, '我決起而飛, 搶楡枋而止, 時則不至而控於地而已

矣, 奚以之九萬里而南爲?

조여학구소지왈, '아결기이비, 창유방이지, 시즉부지이공어지이이의, 해

이지구만리이남위?'

– 《장자》의 〈소요유〉

암중모색

8 卿自難記, 若遇何劉沈謝, 暗中摸索者亦可識之.

경자난기, 약우하유심사, 암중모색자역가식지.

천고마비

---

9 北地寒應苦, 南庭戍未歸. 邊聲亂羌笛, 朔氣卷戎衣.

雨雪關山暗, 風霜草木稀. 胡兵戰欲盡, 漢卒尙重圍.

雲淨妖星落, 秋高塞馬肥. 據鞍雄劍動, 揷筆羽書飛.

輿駕還京邑, 朋游滿帝畿. 方期來獻凱, 歌舞共春暉.

북지한응고, 남정수미귀, 변성난강적, 삭기권융의,

우설관산암, 풍상초목희, 호병전욕진, 한졸상중위,

운정요성낙, 추고새마비, 거안웅검동, 삽필우서비,

여가환경읍, 붕유만제기, 방기래헌개, 가무공춘휘.

– 두심언 杜審言, 〈증소미도 贈蘇味道〉

10 兒能騎羊, 引弓射鳥鼠. 少長則射狐兔, 用爲食. 士力能毋弓, 盡爲甲

騎.

아능기양, 인궁사조서. 소장즉사호토, 용위식. 사력능무궁, 진위갑기.

– 《사기史記》의 〈흉노열전匈奴列傳〉

11 奉宗室女公主爲單于閼氏, 歲奉匈奴絮繒酒米食物各有數, 約爲昆弟

以和親.

봉종실어공주위선우알씨, 세봉흉노서증주미식물각유수, 약위곤제이화친.

- 《사기》의 〈흉노열전〉

천하무적

12 天下有道, 小德役大德, 小賢役大賢. 天下無道, 小役大, 弱役强. 斯二者天也, 順天者存, 逆天者亡.

천하유도, 소덕역대덕, 소현역대현. 천하무도, 소역대, 약역강. 사이자천야, 순천자존, 역천자망.

- 《맹자 孟子》의 〈이루 離婁〉 상上

13 孔子曰, '仁不可爲衆也. 夫國君好仁, 天下無敵.' 今也欲無敵於天下而不以仁, 是猶執熱而不以濯也.

공자왈, '인불가위중야. 부국군호인, 천하무적.' 금야욕무적어천하이불이인, 시유집열이불이탁야.

- 《맹자》의 〈이루〉 상

2장.
간담상조

---

14 士窮乃見節義. 今夫平居里巷相慕悅, 酒食游戲相徵逐, 詡詡强笑語, 以相取下, 握手出肺肝相示, 指天日涕泣, 誓生死不相背負, 眞若可信. 一旦臨小利害, 僅如毛髮比, 反眼若不相識. 落陷穽不一引手救, 反擠之, 又下石焉者, 皆是也. 此宜禽獸夷狄所不忍爲, 而其人自視以爲得計, 聞子厚之風, 亦可以少愧矣.

사궁내견절의. 금부평거리항상모열, 주식유희상징축, 후후강소어, 이상취하, 악수출폐간상시, 지천일체읍, 서생사불상배부, 진약가신. 일단임소이해, 근여모발비, 반안약불상식. 낙함정불일인수구, 반제지, 우하석언자, 개시야. 차의금수이적소불인위, 이기인자시이위득계, 문자후지풍, 역가이소괴의.

- 한유 韓愈, 〈유자후묘지명 柳子厚墓誌銘〉

15 君子之交淡如水, 小人之交甘若醴. 君子以淡相, 小人以甘絶.

군자지교담여수, 소인지교감약례. 군자이담상, 소인이감절.

-《장자》의 〈산목山木〉

16 吾始困時. 嘗與鮑叔賈, 分財利多自與. 鮑叔不以我爲貪, 知我貧也. 吾嘗爲鮑叔謀事而更窮困. 鮑叔不以我爲愚, 知時有利不利也. 吾嘗

三仕三見逐於君, 鮑叔不以我爲不肖, 知我不遭時也. 吾嘗三戰三

走, 鮑叔不以我爲怯, 知我有老母也.… 生我者父母, 知我者鮑子也.

오시곤시, 상여포숙고, 분재리다자여, 포숙불이아위탐, 지아빈야. 오상

위포숙모사이갱궁곤, 포숙불이아위우, 지시유리불리야. 오상삼사삼견축

어군, 포숙불이아위불초, 지아불조시야. 오상삼전삼주, 포숙불이아위겁,

지아유노모야.… 생아자부모, 지아자포자야.

- 《사기》의 〈관안열전管晏列傳〉

문전성시

17 吾妻之美我者, 私我也. 妾之美我者, 畏我也.

客之美我者, 欲有求於我也.

오처지미아자, 사아야. 첩지미아자, 위아야.

객지미아자, 욕유구어아야.

- 《전국책戰國策》의 〈제책齊策〉

18 '群臣吏民能面刺寡人之過者, 受上賞. 上書諫寡人者, 受中賞. 能謗

議於市朝, 聞寡人之耳者, 受下賞.' 令初下, 群臣進諫, 門庭若市.

'군신이민능면자과인지과자, 수상상. 상서간과인자, 수중상. 능방의어시

조, 문과인지이자, 수하상.' 영초하, 군신진간, 문정약시.

- 《전국책》의 〈제책〉

19 崇與宗族通, 疑有姦, 請治.

숭여종족통, 의유간, 청치.

- 《한서漢書》의 〈정숭전鄭崇傳〉

20 上責崇曰: 君門如市人, 何以欲禁切主上? 崇對曰:臣門如市, 臣心如

水. 願得考覆.

상책숭왈: 군문여시인, 하이욕금절주상? 숭대왈: 신문여시, 신심여수.

원득고복.

- 《한서》의 〈정숭전〉

방약무인

21 高漸離擊筑, 荊軻和而歌於市中, 相樂也.

已而相泣, 傍若無人者.

고점리격축, 형가화이가어시중, 상락야. 이이상읍, 방약무인자.

- 《사기》의 〈자객열전刺客列傳〉

주석

253

일거수일투족

22 天池之濱, 大江之濆, 曰, 有怪物焉, 蓋非常鱗凡介之品彙匹儔也. 其

得水, 變化風雨, 上下於天不難也. 其不及水, 蓋尋常尺寸之閒耳, 無

高山大陵曠途絶險爲之關隔也. 然其窮涸, 不能自致乎水. 爲獱獺之

笑者, 蓋十八九矣. 如有力者, 哀其窮而運轉之, 蓋一擧手一投足之

勞也.

천지지빈, 대강지분, 왈, 유괴물언, 개비상인범개지품휘사주야. 기득수,

변화풍우, 상하어천불난야. 기불급수, 개심상척촌지한이, 무고산대릉광

도절험위지관격야. 연기궁학, 불능자치호수. 위빈달지소자, 개십팔구의.

여유력자, 애기궁이운전지, 개일거수일투족지노야.

- 한유 韓愈, 〈응과목시여인서 應科目時與人書〉

일망타진

23 臣聞朋黨之說, 自古有之, 惟幸人君辨其君子小人而已.

大凡君子與君子, 以同道爲朋, 小人與小人, 以同利爲朋, 此自然之

理也.

신문붕당지설, 자고유지, 유행인군변기군자소인이이.

대범군자여군자, 이동도위붕, 소인여소인, 이동이위붕, 차자연지이야.

- 구양수 歐陽修, 〈붕당론 朋黨論〉

24 吾一網打去盡矣.

오일망타거진의.

-《송사 宋史》의 〈소순흠전 蘇舜欽傳〉

자포자기

25 自暴者, 不可與有言也. 自棄者, 不可與有爲也. 言非禮義, 謂之自暴

也. 吾身不能居仁由義, 謂之自棄也. 仁, 人之安宅也. 義, 人之正路

也. 曠安宅而弗居, 舍正路而不由, 哀哉!

자포자, 불가여유언야. 자기자, 불가여유위야. 언비예의, 위지자포야.

오신불능거인유의, 위지자기야. 인, 인지안택야. 의, 인지정로야. 광안

택이불거, 사정로이불유, 애재!

-《맹자》의 〈이루〉 상

죽마고우

26 官本臭腐, 故將得官而夢尸. 錢本糞土, 故將得錢而夢穢.

주석

관본취부, 고장득관이몽시. 전본분토, 고장득전이몽예.

- 《진서晉書》의 〈은호전殷浩傳〉

27 少時吾與浩共騎竹馬, 我棄去, 浩輒取之, 故當出我下也.

소시오여호공기죽마, 아기거, 호첩취지, 고당출아하야.

- 《진서 》의 〈은호전〉

3장.
금의환향

---

28 "關中阻山河四塞, 地肥饒, 可都以霸."

관중조산하사색, 지옥요, 가도이패.

- 《사기》의 〈항우본기項羽本紀〉

29 富貴不歸故鄉, 如衣綉夜行, 誰知之者.

부귀불귀고향, 여의수야행, 수지지자.

- 《사기》의 〈항우본기〉

낭중지추

---

30 平原君曰:先生處勝之門下幾年於此矣? 毛遂曰:三年於此矣. 平原君

曰:夫賢士之處世也, 譬若錐之處囊中, 其末立見. 今先生處勝之門下
三年於此矣, 左右未有所稱誦, 勝未有所聞, 是先生無所有也. 先生
不能, 先生留.

평원군왈: 선생처승지문하기년어차의? 모수왈: 삼년어차의. 평원군왈:
부현사지처세야, 비약추지처낭중, 기말입견. 금선생처승지문하삼년어차
의, 좌우미유소칭송, 승미유소문, 시선생무소유야. 선생불능, 선생류.

- 《사기》의 〈평원군우경열전 平原君虞卿列傳〉

31 臣乃今日請處囊中耳. 使遂蚤得處囊中, 乃穎脫而出, 非特其末見而
已.

신내금일청처낭중이, 사수조득처낭중, 내영탈이출, 비특기말현이이.

- 《사기》의 〈평원군우경열전〉

32 胜不敢復相士. 胜相士多者千人, 寡者百数, 自以爲不失天下之士,
今乃於毛先生而失之也. 毛先生一至楚, 而使趙重於九鼎大呂. 毛先
生以三寸之舌, 强於百萬之師.

승불감복상사. 승상사다자천인, 과자백수, 자이위불실천하지사, 금내어
모선생이실지야. 모선생일지초, 이사조중어구정대려. 모선생이삼촌지
설, 강어백만지사.

- 《사기》의 〈평원군우경열전〉

주석
257

명철보신

33 肅肅王命, 仲山甫將之. 邦國若否, 仲山甫明之. 旣明且哲, 以保其
身. 夙夜匪解, 以事一人.

숙숙왕명, 중산보장지. 방국약부, 중산보명지. 기명차철, 이보기신. 숙
야비해, 이사일인.

-《시경 詩經》의 〈대아 大雅·증민 蒸民〉

34 明, 謂明於理. 哲, 謂察於事. 保身, 蓋順理而守身, 非趨利避害, 而偸
以全軀之謂也.

명, 위명어리. 철, 위찰어사. 보신, 개순리이수신, 비추이피해, 이투이전
구지위야.

- 주희 朱熹,《시집전 詩集傳》

35 窮則獨善其身, 達則兼善天下.

궁즉독선기신, 달즉겸선천하.

-《맹자孟子》의 〈진심상盡心上〉

선견지명

36 夫雞肋, 食之則無所得, 弃之則如可惜, 公歸計決矣.

부계륵, 식지즉무소득, 기지즉여가석, 공귀계결의.

- 《후한서後漢書》의 〈양수전 楊修傳〉

37 愧無日磾先見之明, 猶懷老牛舐犢之愛.

괴무일제선견지명, 유회노우지독지애.

- 《후한서》의 〈양표전 楊彪傳〉

식자우환

38 人生識字憂患始, 姓名粗記可以休. 何用草書誇神速, 開卷懷悅令人
愁.

인생식자우환시, 성명조기가이휴. 하용초서과신속, 개권창황령인수.

- 소식蘇軾, 〈석창서취묵당石蒼舒醉墨堂〉

점입가경

39 凡畵, 人最難, 次山水, 次狗馬.

범화, 인최난, 차산수, 차구마.

- 고개지 顧愷之, 《화론 畫論》

40 漸入佳境

주석

점입가경.

- 《진서 晉書》의 〈고개지전 顧愷之傳〉

촌철살인

41 譬如人載一車兵器, 弄了一件, 又取出一件來弄, 便不是殺人手段.

我則只有寸鐵, 便可殺人.

비여인재일거병기, 농료일건, 우취출일건래농, 편불시살인수단. 아즉지

유촌철, 편가살인.

- 나대경 羅大經, 《학림옥로 鶴林玉露 · 지부 地部》의 〈살인수단 殺人手段〉

4장.
독서망양

42 臧與穀, 二人相與牧羊, 而俱亡其羊. 問臧奚事, 則挾筴讀書. 問穀奚

事, 則博塞以遊. 二人者, 事業不同, 其於亡羊均也.

장여곡, 이인상여목양, 이구망기양. 문장해사, 즉협협독서. 문곡해사,

즉박색이유. 이인자, 사업부동, 기어망양균야.

- 《장자》의 〈변무 騈拇〉

43 伯夷死名於首陽之下, 盜跖死利於東陵之上, 二人者, 所死不同, 其

於殘生傷性均也. 奚必伯夷之是而盜跖之非乎! 天下盡殉也, 彼其所

殉仁義也, 則俗謂之君子. 其所殉貨財也, 則俗謂之小人. 其殉一也,

則有君子焉, 有小人焉, 若其殘生損性, 則盜跖亦伯夷已, 又惡取君

子小人於其間哉!

백이사명어수양지하, 도척사리어동릉지상, 이인자, 소사부동, 기어잔생

상성균야. 해필백이지시이도척지비호! 천하진순야, 피기소순인의야, 즉

속위지군자. 기소순화재야, 즉속위지소인. 기순일야, 즉유군자언, 유소

인언, 약기잔생손성, 즉도척역백이이, 우오취군자소인어기간재!

-《장자》의〈변무〉

마이동풍

---

44 人生飄忽百年內, 且須酣暢萬古情. 君不能狸膏金距學鬪雞, 坐令鼻

息吹虹霓. 君不能學哥舒橫行靑海夜帶刀, 西屠石堡取紫袍. 吟詩作

賦北窗裏, 萬言不直一杯水. 世人聞此皆掉頭, 有如東風射馬耳.

인생표홀백년내, 차수감창만고정. 군불능이고금거학투계, 좌영비식취홍

예. 군불능학가서횡행청해야대도, 서도석보취자포. 음시작부북창리, 만

언불직일배수. 세인문차개도두, 유여동풍사마이.

- 이백 李白, 〈답왕십이한야독작유회 答王十二寒夜獨酌有懷〉

일자천금

---

45 有能增損一字者, 予千金.

유능증손일자자, 여천금.

- 《사기》의 〈여불위열전 呂不韋列傳〉

철면피

---

46 進士楊光遠干索權豪無厭, 或遭撻, 略無改悔. 時人云'楊光遠慙顔厚 如十重鐵甲.'

진사양광원간색권호무염, 혹조달, 약무개회. 시인운 '양광원참언후여십 중철갑.'

- 왕인유 王仁裕, 《개원천보유사 開元天寶遺事》

47 宰相陳執中不學無術, 且多過失.

재상진집중불학무술, 차다과실.

- 《송사》 조변전 趙抃傳

48 孔子作〈春秋〉千五百年, 以名爲傳者五家, 今用其三焉. 秉觚牘,

焦思慮, 以爲論註疏說者百千人矣. 攻訐狠怒, 以詞氣相擊排冒沒者,

其爲書, 處則充棟宇, 出則汗牛馬. 或合而隱, 或乖而顯, 後之學者,

窮老盡氣, 左視右顧, 莫得而本.··· 甚矣, 聖人之難知也.

공자작 〈춘추〉 천오백년, 이명위전자오가, 금용기삼언. 병고독, 초사려,

이위논주소설자백천인의. 공알한노, 이사기상격배모몰자, 기위서, 처즉

충동우, 출즉한우마. 혹함이은, 혹괴이현, 후지학자, 궁노진기, 좌시우

고, 막득이본.··· 심의, 성인지난지야.

– 유종원 柳宗元,

〈당고급사중황태자시독육문통선생묘표 唐故給事中皇太子侍讀陸文通先生墓表〉

일상이 새롭게 보이는 뜻밖의 네 글자 25

상식 밖의 고사성어

1판 1쇄 인쇄 2023년 7월 26일
1판 1쇄 발행 2023년 8월 2일

지은이 채미현
펴낸이 고병욱

기획편집실장 윤현주 **책임편집** 한희진 **기획편집** 김경수
마케팅 이일권 함석영 김재욱 복다은 임지현
디자인 공희 진미나 백은주 **제작** 김기창 **관리** 주동은 **총무** 노재경 송민진

일러스트 이수희수이

펴낸곳 청림출판(주)
등록 제1989-000026호

본사 06048 서울시 강남구 도산대로38길 11 청림출판(주)
제2사옥 10881 경기도 파주시 회동길 173 청림아트스페이스
전화 02-546-4341 **팩스** 02-546-8053

홈페이지 www.chungrim.com
이메일 cr2@chungrim.com

ISBN 979-11-5540-219-1 03700

- 이 책은 저작권법에 따라 보호를 받는 저작물이므로 무단전재와 무단복제를 금합니다.
- 책값은 뒤표지에 있습니다. 잘못된 책은 구입하신 서점에서 바꿔 드립니다.
- 추수밭은 청림출판(주)의 인문 교양도서 전문 브랜드입니다.